MAJOR BAC

DIRIGÉE PAR PASCAL GAUCHON

ISBN 2 13 047240 0

Dépôt légal — 1re édition : 1995, octobre

© Presses Universitaires de France, 1995
108, boulevard Saint-Germain, 75006 Paris

Sommaire

Avertissement des auteurs

L'étude de la France constitue traditionnellement la pièce maîtresse du programme de révision de l'épreuve d'histoire au Bac.

Ce manuel de poche propose donc une approche analytique rigoureuse faisant une large place à la présentation des « forces profondes » qui conditionnent l'évolution de notre pays depuis la Seconde Guerre mondiale : mutations économiques et sociales, transformations des mentalités collectives, poids des débats idéologiques... Il accorde également une place de choix à l'ouverture internationale de la France et à son intégration dans la construction européenne.

Les auteurs ont tenu à doter les étudiants d'outils spécifiques indispensables à la maîtrise générale du programme comme au traitement de sujets plus « pointus » : repères chronologiques précis, présentation détaillée des formations et des partis politiques ou biographies des principaux hommes politiques français.

Leur volonté délibérée de coller à l'actualité la plus immédiate a également animé les auteurs qui font ainsi le point sur « les années Mitterrand » et couvrent l'élection présidentielle de 1995.

Avant-propos

Ce manuel de poche a l'ambition d'être un instrument d'étude rigoureux et pratique du programme d'histoire de Terminale : le monde depuis la Seconde Guerre mondiale. Il se veut également un outil de révision rapide et fiable pour le Bac.

Ce livre repose sur une double originalité.

• **Il répond aux exigences classiques du manuel tout en proposant des chapitres thématiques rédigés sous forme de dissertations directement utilisables pour l'examen, et pour les concours ultérieurs.** L'ensemble du programme est ainsi couvert avec le souci de privilégier une approche analytique déclinée en trois niveaux : les « questions de cours », les « sujets de réflexion » et des sujets plus « prospectifs ».

• **Cet ouvrage en plusieurs volumes propose une méthodologie pratique et dynamique du plan facilitant la mobilisation efficace des connaissances.** La construction homogène en « phrases-plans » articulées de manière académique en rythme binaire ou ternaire fournit des cadres propres à faciliter la mémorisation et à construire des problématiques diversifiées. Elle fait apparaître des « modules exportables » donc « importables » d'un sujet vers un autre et constitue un instrument méthodologique particulièrement adapté pour la préparation des examens et concours de l'enseignement supérieur dont le Bac est la première étape.

Produit d'une collaboration entre un professeur et son élève, ce manuel de poche obéit à une préoccupation centrale : répondre aux besoins immédiats de tout candidat ayant à élaborer une dissertation d'Histoire en temps limité.

Les auteurs tiennent à remercier amicalement Danielle Gauchon pour sa patience.

Michel A. Prigent,
Marc Naigeon.

De 1939 à 1995 :
un demi-siècle d'histoire française

I. La France dans la Seconde Guerre mondiale (1939-1945)

Par son ampleur, la défaite de 1940 bouscule les vieux clivages de la société française : l'occupation et la perte de souveraineté recomposent les lignes de partage entre droite et gauche, réaction et révolution, nationalisme et pacifisme, tradition et modernité.

Les institutions et les partis politiques sont balayés, chacun doit donc individuellement assumer ses choix. Alors que la majorité des Français subit, Collaborateurs et Résistants sont une infime minorité à s'engager au nom de conceptions, certes très différentes, du renouveau national.

1. La débâcle militaire précipite l'effondrement de la République et l'avènement de l'Etat francais

▶ **La défaite du printemps 1940 sanctionne l'impréparation du pays à la guerre.**

• **La *drôle de guerre* montre le peu de volonté à combattre l'Allemagne.** Entrés dans la guerre en hésitant (3 septembre 1939), les Alliés laissent écraser la Pologne. Hormis quelques opérations ponctuelles (Narvik, avril 1940), la France campe sur la ligne Maginot où l'inactivité nourrit la démoralisation. En mars, Daladier, renversé, est remplacé par Paul Reynaud comme Président du Conseil.

• **Le *Blitzkrieg* de mai-juin 1940 écrase l'Armée française.** Après la percée des unités mécanisées de Guderian à Sedan (13 mai), les Franco-Britanniques sont pris dans la nasse de Dunkerque (4 juin) :

les troupes allemandes déferlent, l'exode des populations est massif. Le gouvernement se réfugie à Bordeaux où Pétain devient Président du Conseil (16 juin) : le gouvernement se rallie à l'idée de l'armistice plutôt qu'à celle de la capitulation, dont les militaires ne veulent pas et qui supposerait la poursuite, hors de l'hexagone, d'une guerre à l'issue bien incertaine aux yeux de nombreux responsables du pays.

● **Les ressorts de ce désastre sont multiples**. Le pacifisme (« esprit munichois »), l'interdiction du PCF en septembre 1939 (suite à son ralliement au Pacte germano-soviétique d'août) et les divisions politiques expliquent l'absence d'*Union sacrée* dans une France à la démographie anémiée, malgré l'adoption du *Code de la Famille* en 1939. Enfin, la stratégie défensive et statique de l'état-major *(doctrine Pétain),* inspirée par le souci prioritaire d'éviter les « boucheries » de la Première Guerre mondiale, apparaît totalement dépassée.

▶ **En plein au désarroi, le Parlement vote le 10 juillet les pleins pouvoirs au maréchal Pétain.**

● **L'armistice du 22 juin impose des conditions très dures :** Armée réduite à 100 000 hommes ; frais d'occupation de 400 millions de francs par jour ; perte de l'Alsace-Moselle ; établissement d'une ligne de démarcation entre une zone Nord occupée et une zone « libre » au Sud, sur lesquelles s'exerce théoriquement la souveraineté du gouvernement français. Néanmoins, la France conserve sa flotte et son Empire.

● **Le Congrès avalise la disparition de la IIIe République**. Pierre Laval, nommé ministre d'État le 23 juin 1940, au lendemain de la signature de l'armistice, convainc le Président Albert Lebrun et les principaux responsables politiques de ne pas rejoindre l'Afrique du Nord. Il manœuvre les parlementaires présents au casino de Vichy (certains n'ont pu s'y rendre) pour qu'ils chargent Pétain de promulguer une nouvelle constitution : le 10 juillet, au terme d'une procédure juridiquement contestable, seuls 80 élus sur 666 votent contre. Signe du désarroi ambiant, c'est la Chambre élue en 1936, celle du *Front populaire,* qui enterre la IIIe République. Ce même jour, Pierre Laval est nommé vice-président du Conseil.

● **Le « Chef de l'État français » s'attribue tous les pouvoirs** par les *Actes constitutionnels* des 11 et 12 juillet et ajourne les Chambres. Les organes représentatifs sont remplacés par des instances nommées. Les libertés fondamentales sont suspendues. L'ordre

républicain a vécu et Charles Maurras peut se réjouir de cette
« divine surprise ». Le régime de Vichy est immédiatement reconnu
par les Etats-Unis et l'URSS, entre autres.

▶ **Celui-ci instaure à Vichy un régime autoritaire et paternaliste
dont l'ambition est de promouvoir une « Révolution nationale ».**

● **L' « Etat français » privilégie la lutte contre « l'anti-France » et le
retour à l'Ordre moral.** La propagande vichyste a comme thème
récurrent la dénonciation des maux à l'origine du désastre de
juin 1940 : division des Français, licence et laxisme sous la IIIe République. Derrière le tryptique « Travail, Famille, Patrie » une volonté
de rupture avec la tradition républicaine anime la Révolution nationale, qui se présente comme une expiation de la défaite :

— Le cléricalisme du nouveau régime s'exprime par le rétablis-
sement des Congrégations, le développement de l'enseignement
religieux et la fermeture des Ecoles normales.

— Les « responsables de la défaite » sont emprisonnés : des
personnalités de la IIIe République répondront de cette accusation
lors du procès de Riom (Léon Blum, Edouard Daladier ou le général Gamelin).

— Vichy prend des mesures discriminatoires et répressives
contre les étrangers : les naturalisations intervenues après 1935
sont supprimées de manière rétroactive ; des camps d'internement
sont ouverts.

— L'antisémitisme du nouveau régime se traduit par l'adoption
du *Statut des Juifs* dès octobre 1940. L'épuration antimaçonnique
a commencé dès le mois d'août.

— La Révolution nationale professe un antiparlementarisme et
un autoritarisme qu'attestent l'ajournement des Chambres et
l'adoption des *Actes constitutionnels*, la révocation et la nomination des maires ou le serment de fidélité que les fonctionnaires doivent désormais au Maréchal.

— Ce dernier affiche un paternalisme rigoureux, développant
l'image du patriarche, chef de guerre « sévère mais juste ».

● **Plusieurs tendances coexistent au sein de l' « Ordre nouveau ».**

— **Les éléments réactionnaires** sont nombreux et peuvent se
retrouver dans de nombreuses expressions du discours de Pétain.
La Révolution nationale magnifie les formes pré-industrielles du travail
et les vertus d'Ancien Régime par lesquelles elle compte régénérer et
rassembler la France : la terre (qui « elle, ne ment pas »), les commu-

nautés intermédiaires, le métier, la hiérarchie, la famille (création de la *Fête des Mères* en 1941)... L'encadrement de la société, assuré par la propagande (*Office français d'Information* de Philippe Henriot), la censure et la surveillance policière, passe par le corporatisme (*Corporation paysanne* et *Charte du Travail*), l'éducation de la jeune génération *(Chantiers de Jeunesse)* et la formation des élites nouvelles *(Ecole d'Uriage).* Tout à la fois antimarxiste et anticapitaliste, Pétain pourfend le « cosmopolitisme » diviseur, il exalte les valeurs nationales et chrétiennes et les institutions qui les incarnent (Armée, Eglise, Etat). Il se fait ainsi le porte-parole d'une France traditionaliste, activiste mais demeurée minoritaire durant les années 30 (Ligues, *Action française*). Le Maréchal ne va cependant pas jusqu'à se rallier au « nationalisme intégral » et à la monarchie souhaités par Charles Maurras et l'*Action française.*

— **Un courant modernisateur** cohabite avec le précédent. Il est représenté par Pucheu, ministre de l'Intérieur, Belin, ministre du Travail et ancien responsable CGT ou par Lehideux, ministre de la Production industrielle et gendre de Louis Renault. Influencé par le *planisme* et les courants dirigistes des années 30 *(X-Crise),* ces hommes estiment que le régime autoritaire de Vichy leur donne la possibilité de réaliser des réformes que la République n'aurait jamais su imposer. Leur attention est certes accaparée par les problèmes immédiats (ravitaillement, désorganisation) mais leur action est importante : *Comités d'organisation industrielle* (août 1940), *Charte du Travail* (1941), ébauche d'une organisation corporatiste de l'économie *(Corporation agricole),* début d'une planification... Vichy consacre ainsi l'avènement de la technocratie.

— **Les tendances ouvertement fascistes,** quant à elles, s'expriment à Paris plus clairement qu'à Vichy : Parti populaire français de Jacques Doriot (PPF), Rassemblement national populaire (RNP) de Marcel Déat... Mais ces courants ne parviennent pas à imposer leur projet d'Etat totalitaire fondé sur un parti unique : le Maréchal y est en effet résolument hostile. Adepte du centralisme étatique et marqué par son expérience du franquisme (il a été ambassadeur à Madrid), il entretient le culte du « Sauveur » et gouverne par décrets, mais il n'a pas de doctrine véritablement élaborée.

• **Les appuis de Vichy sont très hétéroclites :** notables traditionalistes séduits par l'idéologie contre-révolutionnaire ; anciens combattants attachés à la personne du « vainqueur de Verdun » ; hiérarchie religieuse et catholiques intégristes ; antisémites ; socialistes

et syndicalistes aspirant à un Etat fort et social ; hauts fonctionnaires et grand patronat épris d'efficacité technocratique ; maurras-
siens adeptes du corporatisme et du régionalisme.

Au bout du compte, l' « Ordre nouveau » paraît plus une
volonté de retour à l' « Ordre moral » qu'une révolution : en cela,
le régime de Vichy est plus réactionnaire que fasciste.

**2. Humiliée et meurtrie, la majorité des Francais subit, tandis que
la Collaboration se développe et que la Résistance s'organise**

▶ **Confrontés aux rigueurs de l'occupation allemande, les Français désorientés s'en remettent au Maréchal pour les protéger.**

• **La pénurie et la répression ne cessent de s'aggraver.** Le rationnement frappe la population du fait des livraisons à l'Allemagne
(15 % de la production agricole). Les familles sont séparées, les prisonniers de guerre ne rentrent pas. Les polices coopèrent pour tra-
quer les suspects et faire respecter les dispositions de l'armistice. La
délation devient pratique courante. L'Etat se renforce : le nombre
des fonctionnaires augmente de 50 % durant ces années.

• **Le vainqueur de Verdun se présente comme un « bouclier »** et
apparaît, à 84 ans, comme « l'homme providentiel » qui saura se
faire respecter du Führer et régénérer une Nation que le bombardement par l'aviation britannique de la flotte française stationnée à
Mers-El Kebir (3 juillet 1940) a également traumatisé. Le « maré-
chalisme » prend corps : Pétain est l'objet d'un culte dont la
Légion française des Combattants est le relais privilégié. Il instaure
son propre système de distinctions *(l'ordre de la Francisque)* tandis
qu'un hymne lui est consacré (« Maréchal, nous voilà ! »).

• **Une logique de Collaboration se met en place dès l'automne 1940.** Après l'entrevue de Montoire voulue par Laval
(24 octobre), et la poignée de main à Hitler exploitée par la propagande, Pétain « entre dans la voie de la collaboration » (discours
du 30 octobre) dans l'espoir d'obtenir des concessions dans un
traité de paix favorable. Le 13 décembre, il se sépare de Laval dont
il craint les manœuvres et le remplace par Flandin, nettement plus
réticent à l'égard de l'Allemagne. Celle-ci multiplie alors les pressions pour forcer Pétain à le renvoyer, ce qu'il fait au profit de
l'amiral Darlan.

▶ **Mais l'engagement de Vichy dans la collaboration d'Etat conduit à un assujettissement total du pays.**

• **La Collaboration d'Etat est institutionnalisée par Darlan en mai 1941.** Les *Protocoles de Paris* mettent alors à la disposition de la *Wehrmacht* les infrastructures françaises outre-mer, sans obtenir de contreparties réelles, d'où une fronde dans l'Armée d'armistice. Si une Collaboration économique se développe (Renault, Berliet), les ultracollaborationnistes de Paris développent une polémique de plus en plus virulente à l'encontre des « réactionnaires » de Vichy.

• **Le régime se durcit à partir de l'été 1941 et bascule** avec l'invasion de l'URSS, mais aussi le développement du mécontentement et la montée des oppositions qui en résulte.

— Après le second *Statut des Juifs* (juin 1941), le discours du « vent mauvais » (août) appelle à « briser (...) les adversaires de l'Ordre nouveau ». La création de la *Légion des Volontaires français contre le bolchévisme* (LVF) qui combat sur le front de l'Est et du *Service d'ordre légionnaire* (SOL) dont sortira la *Milice*, l'intensification de la répression (*Sections spéciales* contre les communistes), la multiplication des exécutions d'otages et le *procès de Riom* (février-avril 1942) contre les « responsables de la défaite » témoignent de ce raidissement.

— Le retour de Laval en avril 1942 consacre l'effondrement du volet nationaliste de la Révolution nationale. Partisan d'une république musclée alliée du Reich, Laval n'y a sans doute jamais cru. Il accentue la Collaboration et déclare le 22 juin : « Je souhaite la victoire allemande parce que, sans elle, le bolchévisme demain s'installerait partout. » Ce discours est suivi de la *rafle du Vel' d'Hiv'* (16-17 juillet) et de l'accélération de la déportation des Juifs vers les « camps de la mort ».

• **L'*Etat français* se transforme en auxiliaire du Reich.**

— Après le débarquement allié en Afrique du Nord (8 novembre 1942), la zone Sud est occupée (11 novembre) et la flotte se saborde à Toulon. Pétain se déclare alors se considérer comme « prisonnier » : le mythe du « double jeu » s'effondre.

— En janvier 1943, Laval crée la *Milice* qui multiplie les violences répressives : conçue par son chef Darnand comme un instrument politique propre à asseoir un régime d'essence fasciste, elle est utilisée par Vichy et l'occupant comme une force de police auxiliaire zélée.

— En février 1943, Laval instaure le *Service du travail obligatoire* ou STO afin de recruter une main-d'œuvre qui ira travailler en Allemagne. Les arrestations se multiplient et les frais d'occupation sont fortement majorés. Des fascistes entrent au gouvernement (Déat). La Révolution nationale débouche sur une guerre franco-française et la décomposition politique d'un régime sous dépendance étrangère.

▶ **Née du refus spontané de la défaite et de la Collaboration, la Résistance se structure progressivement autour du général de Gaulle.**

• L'*Appel du 18 juin 1940* à Londres **fait de De Gaulle le premier pôle de résistance.** Soutenue par Churchill, la *France libre* dispose d'une base territoriale après le ralliement de l'AOF (derrière le gouverneur Félix Eboué) et d'unités combattantes (comme celle de Leclerc en Libye) mais ses liens sont ténus avec les mouvements et réseaux créés en France dès l'automne 1940 : *Combat* ou *Libération* en zone Sud ; MLNF, *Liberté* ou *Organisation civile et militaire* en zone Nord. Le PCF en tant que tel ne s'engage qu'après l'*Opération Barbarossa* contre l'URSS (juin 1941) : il crée alors le *Front national* et les *Francs-Tireurs et Partisans* (FTP).

• **Solidaires dans le combat commun, les Résistants n'en sont pas moins profondément divisés.**

— Issus de toutes les classes sociales et de toutes les familles politiques, Français et étrangers, souvent jeunes, ils sont assez peu nombreux (250 000 sont recensés fin 1944). Mais leurs options divergent sur tout, qu'il s'agisse des relations avec les partis ou avec les Alliés, des relations entre civils et militaires, entre « intérieur » et « extérieur », des modalités de la lutte armée (différentes pour l'*Armée secrète* et les FTP) ou des perspectives de l'après-guerre.

— La solidarité dans l'action des anciens prisonniers de guerre (évadés ou non), des cheminots, des mineurs, des étudiants et lycéens, des Juifs pourchassés, des soldats de l'Armée d'armistice ou des jeunes réfractaires au STO est néanmoins à l'origine d'un brassage social qui donne un élan nouveau et précipite les recompositions.

— Mais la Résistance se structure également en fonction de sensibilités ou de critères anciens : les réseaux et mouvements issus de l'ex-SFIO, de la démocratie-chrétienne ou des syndicats côtoient les réseaux communistes. Elle n'est donc pas réductible à un phénomène suprapartisan car ces différentes forces ont peu de points d'accord en dehors de la nécessité du combat.

• **Leur unification est l'œuvre de Jean Moulin.**

— Pour de Gaulle, la crédibilité politique et l'efficacité militaire de la Résistance exigent une direction unique : le *Conseil national de la Résistance* (CNR) créé le 27 mai 1943 rassemble syndicats (CGT, CFTC) et partis, aux côtés des mouvements résistants. Il se dote d'un commandement militaire et doit désigner des délégués à l'*Assemblée consultative* qui siégera à Alger, où est constitué, dès juin, le *Comité français de Libération nationale* (CFLN).

— Relayée par la presse clandestine *(Combat, Témoignage chrétien, La Voix du Nord)*, l'action du CNR confère une légitimité nouvelle à de Gaulle qui incarne alors, face à Vichy et face au monde, la *France libre*, ses aspirations au redressement national et le refus de retomber dans les ornières de la IIIᵉ République finissante. Le programme du CNR entend ainsi établir une « véritable démocratie économique et sociale » à la Libération.

3. Dans le combat pour la libération du pays, de Gaulle et la *France libre* s'imposent comme seule force légitime de gouvernement

▶ **La constitution du gouvernement d'Alger exprime la volonté de la Résistance d'être pleinement reconnue par les Alliés.**

● **Face aux Anglo-Saxons, le général de Gaulle s'appuie sur le CNR pour se doter d'une représentativité.** Roosevelt, qui considère longtemps Vichy comme le gouvernement légal, s'oppose à ses initiatives et joue la carte de l'amiral Darlan, puis celle du général Giraud qui devient coprésident du CFLN. Mais de Gaulle parvient à écarter ce dernier. Il est soutenu par le CNR et l'*Assemblée consultative* qui élaborent les nouvelles structures à mettre en place à la Libération.

● **Cette entreprise est confortée par une participation active des FFL aux combats de la « Grande Alliance ».** Les *Forces françaises libres* sont engagées en Afrique du Nord et en Italie (Leclerc, de Lattre) et même sur le front russe (escadrille *Normandie-Niemen*). En métropole, les réfractaires au STO gonflent les effectifs des maquis qui mènent des opérations spectaculaires. Début 1944, les Forces françaises de l'intérieur (FFI) sont constituées sous le commandement du général Koenig.

● **Le GPRF est créé à Alger le 2 juin 1944, à la veille du débarquement en Normandie.** Le *Gouvernement provisoire de la République française*, qui réunit toutes les composantes politiques de la Résistance, se pose comme un pouvoir de substitution à Vichy avec ses délégués en métropole : à cet effet, des Comités locaux et départementaux de Libération sont créés, des Commissaires de la République et des préfets sont nommés.

▶ **Tandis que le régime de Vichy disparaît dans les combats de 1944, de Gaulle installe le** GPRF **à Paris.**

● **Les** FFL **et les** FFI **jouent un rôle important dans la** *Bataille de France* en participant aux débarquements de juin et d'août, ainsi qu'aux opérations de sabotage et de harcèlement sur les arrières de l'ennemi. Eisenhower estime leur rôle à celui de quinze divisions. Les soulèvements de maquis (Vercors, Limousin) et les représailles sauvages (massacre d'Oradour-sur-Glane) se multiplient. Le 25 août, les chars de Leclerc libèrent Paris insurgé derrière les FFI du colonel Rol-Tanguy.

● **Avec la Libération prend forme un nouveau pouvoir.** Pétain, qui démissionne alors, et Laval sont emmenés de force par les Allemands vers Sigmaringen (20 août). La mise en place rapide du GPRF vise à affirmer l'autorité de l'Etat contre les débordements de l'épuration (création de *Tribunaux spéciaux* et de la *Haute Cour de Justice*), contre les appétits d'un PCF puissant et très bien implanté localement et contre le projet américain d'administration militaire (AMGOT).

● **A l'automne 1944, la légitimité du** GPRF **n'est plus contestée.** Le 5 septembre, de Gaulle remanie son gouvernement que les Etats-Unis reconnaissent après maints atermoiements. Les FFI et FTP sont intégrés à l'Armée régulière, comme le demandait Washington, et avec l'aval de Moscou. De retour d'URSS en novembre, Maurice Thorez, secrétaire général du PCF, devient vice-président du gouvernement et se prononce aussitôt pour « Un seul Etat, une seule Armée, une seule Police » (discours d'Ivry). En décembre est signé le traité d'amitié franco-soviétique.

▶ **Il revient à ce gouvernement de restaurer l'Etat et la République.**

● **De Gaulle parvient à faire admettre la France parmi les vainqueurs.** Absent aux grandes conférences interalliées, il doit à la volonté de Churchill et aux divisions entre les Trois Grands, mais aussi à la reconnaissance de son pouvoir en France et à son habileté face au PCF, d'obtenir un siège de membre permanent au Conseil de sécurité de l'ONU et une zone d'occupation militaire en Allemagne.

● **Les réformes de structure prévues par le programme du** CNR **sont mises en œuvre** pour assurer la reconstruction et moderniser le pays.

L'avènement de l'économie mixte (création du Commissariat général au plan, nationalisation des secteurs clés) et de l'Etat-providence (création puis élargissement de la Sécurité sociale, instauration des comités d'entreprise) va de pair avec le souci de démocratisation et de modernisation de l'administration (création de l'ENA en 1945). Une nouvelle génération de responsables politiques, économiques et militaires issue de la Résistance et porteuse de ses idéaux émerge.

• **Les Françaises et les Français optent pour de nouvelles institutions.** Les *ordonnances d'août 1945* organisent un double référendum : pour la première fois dans l'histoire de la République, le corps électoral élargi aux femmes peut choisir directement son mode de gouvernement. Le 21 octobre 1945, il rejette un retour à la IIIe République (96 % des voix) et opte pour une Assemblée aux pouvoirs strictement constituants (66 %).

La mémoire collective française semble n'avoir conservé de la période qu'une vision manichéenne, d'où la force des mythes et la persistance des zones d'ombre qui s'y rattachent : la Seconde Guerre mondiale demeure en France un enjeu identitaire.

II. La Reconstruction en France : la mise en place de la IVe République (1945-1952)

Dès mars 1944, le *Programme du CNR* entend promouvoir « une véritable démocratie économique et sociale » et **fait de la modernisation une priorité absolue :** à la Libération, reconstruction du pays et rénovation des institutions sont indissociables aux yeux du nouveau pouvoir. A l'achèvement du *Plan Monnet* en 1952, seul le premier objectif a été atteint.

1. L' « Esprit de la Résistance » confronté à la ruine matérielle du pays et à la question des institutions se disloque en 1947 avec la rupture du *Tripartisme*

▶ **L'impératif de la Reconstruction s'impose au gouvernement provisoire du général de Gaulle.**

• **Les pertes humaines et les destructions sont considérables.** La guerre a fait 600 000 morts et le passif démographique (recul des naissances, mortalité plus forte des vieillards et des enfants) est de 2 millions. Un million de familles sont sans abri. Les transports sont paralysés ou détruits ; il n'existe plus un pont en état sur la Seine entre Paris et la Manche, et la plupart des grands ports, occupés jusqu'au bout par les Allemands (Saint-Nazaire, Le Havre, Dunkerque...) sont inutilisables, ce qui pose le problème du ravitaillement. La pénurie de charbon est générale. En 1946, la production industrielle a diminué des deux tiers par rapport à 1938 et la production agricole d'un tiers.

• **La pénurie et l'inflation créent une situation d'urgence.** Depuis 1938, les prix ont été multipliés par quatre alors que les salaires n'ont augmenté que de 70 %. La France est endettée à hauteur de 2 000 milliards. Face à la dérive de l'inflation (38 % en 1945, 63 % en 1946), au rationnement et au marché noir, le mécontentement grandit.

• **Dirigisme et Etat-providence sont les réponses du gouvernement.** L'Etat se donne les moyens de provoquer la reprise en **nationalisant les secteurs clés de l'économie :** énergie (CDF, EDF, GDF), transports (Air-France), assurances, Banque de France et les quatre grandes banques de dépôts (Société générale, Crédit lyonnais, Comptoir national d'Escompte et Banque nationale du Commerce et de l'Industrie). Il procède aussi à des « nationalisations-sanctions » à l'encontre des sociétés Renault, Berliet ou Gnome et Rhône.

Jean Monnet lance **le 1er plan en janvier 1947,** qui donne la priorité à l'énergie, aux transports et aux industries de base. Dans le même temps sont instaurés les *Comités d'entreprise* (pour que les intérêts des salariés soient mieux pris en compte dans les entreprises de plus de 50 salariés) et la *Sécurité sociale* (octobre 1945).

▶ **Mais, au lendemain de la Libération, le nouveau pouvoir se divise sur la nature du régime à mettre en place.**

• **L'unité de la Résistance est préservée au sortir de la guerre.** S'il ne se forme pas de « parti de la Résistance » (à l'inverse de l'Italie), toutes les forces politiques se réclament d'elle. Le PCF aspire à être un parti de gouvernement et défend la paix sociale (Thorez, ministre d'Etat, appelle les travailleurs à « retrousser les manches »), la SFIO se reconstitue, les démocrates-chrétiens créent le MRP et l'UDSR voit le jour en 1945.

• **Intransigeant sur la question des institutions, de Gaulle démissionne le 20 janvier 1946.** Partisan d'un exécutif fort, il s'oppose à la

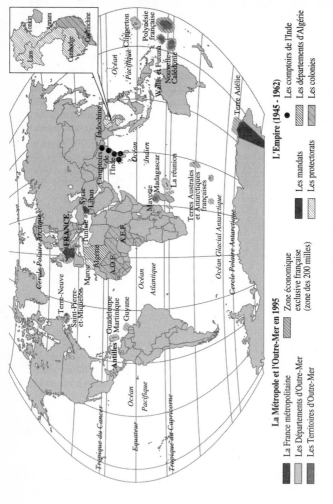

Carte 1
La France dans le monde

La Métropole et l'Outre-Mer en 1995

- La France métropolitaine
- Les Départements d'Outre-Mer
- Les Territoires d'Outre-Mer
- Zone économique exclusive française (zone des 200 milles)

L'Empire (1945 - 1962)

- Les comptoirs de l'Inde
- Les départements d'Algérie
- Les colonies
- Les mandats
- Les protectorats

majorité de l'Assemblée constituante élue le 21 octobre 1945 au sein de laquelle socialistes et communistes détiennent 75 % des sièges. PC, SFIO et MRP désignent alors le socialiste Félix Gouin comme chef du gouvernement : **le *Tripartisme* est né.** Au référendum de mai 1946, le projet du PC et de la SFIO (Assemblée unique aux larges pouvoirs) est rejeté, ce qui provoque de nouvelles élections législatives. De Gaulle entre alors en campagne contre le « système des partis », qu'il dénonce dans son *discours de Bayeux* du 16 juin 1946.

● **La Constitution de la IVe République est adoptée à une très faible majorité.** Un second projet de compromis entre les trois partis est adopté lors du référendum du 13 octobre 1946 par 53 % des votants, mais un tiers des Français se sont abstenus. L'Assemblée nationale est prééminente et un Conseil de la République est créé pour lui faire contrepoids (cf. p. 48). Pour donner un cadre institutionnel aux nouveaux rapports entre la métropole et l'Empire définis en 1944 à la Conférence de Brazzaville, **l'Union française est créée** (voir le volume sur les pays du Sud).

Les élections législatives ont lieu le 10 novembre. En janvier 1947, Vincent Auriol est élu Président de la République et un autre socialiste, Paul Ramadier, devient Président du Conseil.

▶ **La coalition gouvernementale ne résiste pas à la bipolarisation du monde.**

● **Les sujets de discorde se multiplient entre le PCF et ses partenaires.** « Premier parti de France » (il a recueilli 28,2 % des voix) avec quatre ministères (Santé, Défense, Travail, Reconstruction) et la vice-présidence du Conseil (Thorez), le PC s'oppose notamment à la répression dans les colonies (Madagascar) et à la guerre en Indochine contre Ho Chi Minh (voir les volumes sur les Relations internationales et sur l'Extrême-Orient).

● **C'est sur la question économique et sociale que se produit la rupture du printemps 1947.** La grève qui se développe aux usines Renault à partir d'avril met le PC en porte à faux vis-à-vis de sa base. Le 4 mai, les ministres communistes ne peuvent alors voter la confiance au gouvernement qui a inscrit à l'ordre du jour de l'Assemblée un débat sur sa politique salariale. Le 5, en accord avec le président Auriol, Ramadier met fin à leurs fonctions.

● ***Containment*** et ***Doctrine Jdanov*** font irruption dans la vie politique française. Le PC et la CGT s'engagent dans une violente campagne d'agitation à l'automne 1947, tandis que l'anticommunisme se développe également. Le *Plan Marshall* est accepté ; le RPF, créé en avril, passe à l'offensive, galvanisé par le général de Gaulle qui dénonce les « séparatistes » (il désigne ainsi les communistes) ; la SFIO fait bloc autour de Ramadier ; derrière Léon Jouhaux et André Bergeron, les non-communistes quittent la CGT en décembre et forment la CGT-Force ouvrière en janvier 1948.

2. Dans un contexte de guerre froide, les gouvernements de *Troisième Force* puis de centre droit achèvent la Reconstruction dans l'instabilité ministérielle

▶ **L'opposition irréductible au régime du PCF et du RPF bloque le jeu parlementaire et provoque la « valse des ministères ».**

• **Une majorité peu homogène succède au *Tripartisme* en 1947.** Pour gouverner, l'appoint de l'UDSR, des radicaux et des modérés devient indispensable à la SFIO et au MRP, sévèrement battus lors des municipales de l'automne 1947 qui voient un raz de marée RPF (40 % dans les grandes villes). Dans cette coalition de nécessité, les points d'accord sont rares : anticommunisme et atlantisme (la France adhère à l'OTAN en 1949) ; rigueur dans les colonies ; engagement dans la construction européenne (Paris joue un rôle moteur dans la création de la CECA et dans le projet de CED lancé en 1950). La recherche d'une stabilisation économique et monétaire s'impose comme une priorité avec l'adoption du plan Mayer en janvier 1948.

• **Avec la *Troisième Force*, les faiblesses institutionnelles apparaissent au grand jour** (cf. p. 48). Taillée sur mesures pour une Assemblée dominée par trois partis disciplinés et votant en bloc, la Constitution voulait éviter un retour aux pratiques de la IIIᵉ République en rationalisant le régime parlementaire et en instituant la proportionnelle. La rupture du *Tripartisme*, l'éparpillement des partis « majoritaires » en clans, l'obstruction systématique des communistes et des gaullistes installent l'instabilité et précipitent le retour du « régime d'Assemblée ».

• **Face à l'instabilité ministérielle, l'immobilisme tient lieu de politique.** La majorité est minée par les surenchères des petits partis charnières (USDR) et par les divisions entre les grandes formations sur la politique économique et sociale (réformisme de la SFIO et du MRP face au libéralisme des modérés) ou la laïcité (question sur laquelle le MRP s'oppose à la SFIO). Pour essayer de durer, les gouvernements évitent de débattre des dossiers sensibles (politique salariale, fiscalité...), à l'instar du radical Queuille, trois fois Président du Conseil entre 1947 et 1951 et auteur du mot d'ordre « il est urgent d'attendre ».

▶ **Revenue aux affaires en 1952 avec Antoine Pinay, la droite ne parvient pas à surmonter ses divisions politiques.**

• **Le réveil de la querelle scolaire fait éclater la *Troisième Force* à l'automne 1951.** Pour se maintenir au pouvoir et neutraliser PCF et RPF qui refusent le régime, elle fait voter, en mai, l'impopulaire *loi des apparentements*. Les législatives de juin lui donnent 60 % des sièges, mais son équilibre interne est modifié par le recul de la SFIO, l'effondrement du MRP et les progrès des modérés. La loi Barangé-Marie qui instaure un financement de l'enseignement privé (septembre) débouche sur la rupture entre la SFIO (qui y est hostile) et ses alliés politiques : dans la « Chambre hexagonale » où les six principales formations ont un nombre de sièges comparable (PCF, SFIO, MRP, radicaux-UDSR, CNIP, RPF), il y a désormais autant de majorités que de débats parlementaires.

• **Pinay rétablit la confiance et restaure les grands équilibres.** En mars 1952, le ralliement de 27 députés RPF permet à Antoine Pinay, leader du Centre national des indépendants et paysans (CNIP), d'être investi par une majorité de centre droit, à la surprise générale. Ce libéral pragmatique venu de province en appelle au « bon sens ». Conseillé par Jacques Rueff, il parvient à séduire l'opinion et à rassurer les mileux d'affaires par une amnistie fiscale et le célèbre « emprunt Pinay » à 3,5 %, indexé sur l'or et exonéré de droits de succession. Le président du Conseil assainit l'économie en cassant l'inflation coréenne et en équilibrant le budget. Mais son succès sur le front des prix doit beaucoup à une conjoncture mondiale orientée à la baisse. Par ailleurs, la politique d'austérité freine la croissance (déflation) alors que l'indexation du SMIG (salaire minimum interprofessionnel garanti sur les prix) installe une spirale prix-salaires. Enfin, le gouvernement Pinay a négligé l'avenir en opérant des coupes dans les investissements publics.

• **Mais il doit démissionner à cause de la CED.** La majorité s'accorde sur la fermeté dans les colonies, en Indochine comme au Maghreb (Maroc, Tunisie) mais se lézarde dans la querelle sur la Communauté européenne de Défense. Issu du Plan Pleven et prévoyant la création d'une Armée européenne le traité signé en mai 1952 est soutenu par le MRP, rejeté par le PC et les gaullistes et divise les autres formations. Prisonnier de l'hétérogénéité de ses soutiens à l'Assemblée, Pinay est condamné à pratiquer l'immobilisme : il s'aliène ainsi le soutien du MRP, européen et atlantiste, qui le contraint à la démission en décembre 1952.

▶ **Néanmoins, le redressement économique du pays a pu être mené à bien** (cf. p. 93).

• **La reconstruction de l'économie française doit beaucoup à l'aide américaine.** Deuxième bénéficiaire du Plan Marshall derrière la Grande-Bretagne, la France en reçoit 20 % (dont 85 % sous forme de dons). Ces transferts permettent d'acheter des produits américains et de financer le Plan de modernisation et d'équipement. En contrepartie, la France adhère au GATT (1947), à l'OECE (1948) et à l'UEP, Union européenne de paiements (1950).

• **Le dirigisme de la Libération cède peu à peu le pas à des pratiques plus libérales.** Le Plan de Redressement de 1948 casse la spirale inflationniste (deux dévaluations), puis libère prix et salaires : de René Mayer à Antoine Pinay, les libéraux reviennent aux affaires. Néanmoins, l'État poursuit son intervention : la « planification à la française », indicative et incitative, orchestre la reconstruction (le Plan Monnet est prolongé de deux ans jusqu'en 1952). L'existence d'un vaste secteur public, l'adhésion au *Welfare State* et au consensus keynésien enracinent l'*économie mixte* dans le corps social.

• **Le redressement est réel mais fragile.** Le *baby-boom* dope la démographie et la demande. Si le rationnement est supprimé, l'agriculture présente encore des insuffisances. L'industrie ne retrouve son niveau de 1938 qu'en 1952. A cette date, le pouvoir d'achat des salariés est encore inférieur à celui d'avant-guerre, malgré la création du SMIG en 1950. Face aux pressions inflationnistes entretenues par la pénurie, les mouvements sociaux (grèves de 1947 et 1948) et la guerre de Corée, les gouvernements hésitent entre rigueur et relance.

Reconstruite, la France n'a pas pour autant achevé sa modernisation économique et politique. Paralysée par les dysfonctionnements de la IVe République (instabilité, inflation, colonies), elle entre dans les Trente Glorieuses avec de lourds handicaps.

III. L'agonie de la IVᵉ République (1952-1958)

L'achèvement du Plan Monnet et l'investiture d'Antoine Pinay marquent un tournant dans l'histoire de la IVᵉ République : la France entre dans la consommation de masse, les libéraux reviennent aux affaires et de Gaulle entame sa « traversée du désert ». Mais le « régime des partis » s'avère incapable de se réformer et sombre dans l'impuissance : la « question coloniale » lui porte avec l'Algérie le coup fatal. Le pays en plein désarroi se tourne alors vers l'Homme du 18 juin.

1. Les tentatives de renouveau butent sur l'instabilité ministérielle et l'affaiblissement de l'Etat

▶ **Antoine Pinay ne parvient pas à opérer une stabilisation durable du pays.**
• **Premier Président du Conseil de droite depuis la guerre, il rétablit la confiance et les grands équilibres** (cf. p. 17).
• **Le « miracle Pinay » laisse néanmoins en suspens la plupart des grands problèmes.**
• **Les multiples crises de 1953-1954 discréditent le régime aux yeux de l'opinion.** Tandis que la CED empoisonne la vie politique, la situation se dégrade dans les colonies : le Sultan du Maroc est déposé, l'Armée s'enlise en Indochine. Le gouvernement Laniel doit faire face à la grève générale des fonctionnaires d'août 1953. L'élection de René Coty à la présidence de la République en décembre 1953, après 13 tours de scrutin, illustre tout autant que le **désastre de Dien Bien Phû (7 mai 1954)** l'impasse de la IVᵉ République.

▶ **L'ambition réformatrice de Pierre Mendès France est mise en échec par l'opposition des partis** (cf. p. 78).
• **« PMF » incarne les aspirations à restaurer et rénover l'Etat** pour en faire l'instrument du redressement et de la justice sociale (il s'inspire de Keynes, Beveridge et Galbraith). Populaire chez les jeunes, les intellectuels, les adeptes d'un « néo-capitalisme » (Jean-Jacques Servan-Schreiber) et les clubs (Club Jean-Moulin), il bénéficie des campagnes de l'*Express*, créé en 1953 par « JJSS » et Fran-

çoise Giroud. Il impose un style nouveau dès son investiture (17 juin 1954) en refusant d'être prisonnier des partis et en s'adressant directement au pays par ses causeries hebdomadaires à la radio.

• **Il souhaite débarrasser la France des maux qui entravent sa modernisation.** « Gouverner, c'est choisir », proclame-t-il. PMF, qui accorde la priorité à une relance sans dérapage de l'économie (éducation, logement et infrastructures), tranche rapidement la question coloniale en signant les *accords de Genève* sur l'Indochine le **21 juillet 1954** et en accordant l'autonomie interne à la Tunisie le 31 (discours de Carthage). Mais il doit faire face à la rébellion algérienne qui explose à la Toussaint (cf. p. 81) : il opte d'abord pour la répression avec son ministre de l'Intérieur François Mitterrand puis s'oriente vers une voie plus réformatrice en nommant le gaulliste Jacques Soustelle gouverneur général. Mais comme Antoine Pinay, il bute sur la question de la CED qu'il avait cru dénouer le 30 août 1954 avec le rejet du projet par l'Assemblée.

• **Ses choix et son style heurtent de front la classe politique : il est renversé en février 1955** lors d'un débat sur l'Algérie. Mais sa volonté de prendre le contre-pied des partis et d'en revenir au *parlementarisme rationalisé* de 1946 est aussi à l'origine de sa chute. Mêlent leurs voix contre PMF : le PCF (qui reproche entre autres le réarmement allemand), certains gaullistes (qui déplorent son manque de clarté à propos de la CED et la perte de l'Indochine), les modérés (qui stigmatisent son dirigisme) et le MRP (qui refuse toute ouverture en Algérie et ne lui pardonne pas l'enterrement de la CED, qualifié de « crime du 30 août »). Un tiers des radicaux ont également rejoint la coalition hétéroclite qui renverse Mendès France.

▸ **L'impuissance d'Edgar Faure à sortir le régime de ses impasses alimente la montée du poujadisme.**

• **Reconstituant une majorité de centre droit, il tente de restaurer une stabilité propice à l'expansion.** Radical, ancien ministre des Finances de Pinay et Mendès France, il incarne la continuité du personnel politique sous la IVe République. Pour contourner l'immobilisme, Edgar Faure invente le concept des « majorités d'idées » mais respecte le jeu des partis. Il poursuit cependant sur la lancée de PMF dans les domaines économique, européen (la France signe les *Accords de Messine* en juin 1955) et colonial (les

négociations avec les nationalistes marocains et tunisiens se poursuivent mais Paris durcit sa politique en Algérie après les massacres d'août 1955 dans le Constantinois).

• **Il est confronté à l'essor d'un mouvement de protestation populiste animé par Pierre Poujade.** Papetier à Saint-Céré (Lot), ce dernier crée l'UDCA (Union de défense des artisans et commerçants) en
juillet 1953. S'appuyant sur les petits commerçants et artisans
inquiets des mutations économiques, le poujadisme s'étend au-delà
de ces milieux en reprenant des thèmes classiques de l'extrême
droite et des ligues d'entre-deux-guerres : refus de l'impôt, lutte des
« petits » contre les « gros », antiparlementarisme (résumé dans le
slogan « Sortez les sortants ! »), nationalisme exacerbé et parfois
relents d'antisémitisme.

• **Les élections de janvier 1956 voient la victoire du *Front républicain*.** Ayant voulu avancer les élections législatives, Edgar Faure
est renversé en novembre 1955 : il décide alors de dissoudre la
Chambre (art. 51 de la Constitution). C'est la première dissolution
depuis la crise du 16 mai 1877, crise fondatrice du régime d'Assemblée. Les votes du 2 janvier 1956 font apparaître une poussée des
poujadistes qui recueillent 11,6 % des voix et font élire 53 députés.
Les mendésistes enregistrent également une poussée sensible mais
le Front républicain constitué de la SFIO, de l'UDSR, des radicaux
acquis à PMF, ainsi que des gaullistes proches de Chaban-Delmas
et Koenig n'obtient qu'une majorité relative.

2. La paralysie du Front républicain et l'enlisement dans le bour- bier algérien précipitent l'effondrement d'un régime discrédité

▶ **En dépit de handicaps considérables, la majorité de centre
gauche est à créditer de réalisations novatrices.**
• **Les paradoxes du gouvernement Guy Mollet illustrent les dysfonctionnements du régime.** Les électeurs peuvent se sentir floués :
alors qu'ils attendaient Mendès France, le Président René Coty,
obéissant à la stricte tradition républicaine désigne le socialiste
Guy Mollet, mieux à même de séduire le PC ; or le leader de la SFIO
tient les communistes à distance et se rapproche du MRP, révisant
après coup les contours du Front républicain. Ce faisant, il rassemble paradoxalement la seule majorité viable dans une Chambre

où se fait entendre l'opposition des poujadistes, puis des communistes : son ministère sera le plus long de la IVe République.

• **L'Algérie ne parvient pas à trouver de place dans le processus d'émancipation des colonies** (cf. p. 81). En 1956, le Maroc et la Tunisie (mars) deviennent indépendants, tandis que la *loi-cadre Defferre* (juin) prépare la décolonisation de l'Afrique noire. Elu sur un programme de paix et de réformes en Algérie, le gouvernement fait rapidement marche arrière suite à l' « épisode des tomates » du 6 février 1956 : il obtient de l'Assemblée des pouvoirs spéciaux en mars 1956.

• **Des avancées importantes sont cependant réalisées dans les domaines diplomatique et social** avec la troisième semaine de congés payés, l'augmentation des remboursements de Sécurité sociale et la création d'un Fonds national de Solidarité pour les travailleurs âgés (financé en principe par la vignette automobile). La construction européenne est relancée avec la signature du *traité de Rome* (25 mars 1957). Dans un contexte de dégel, l'option d'une arme atomique française, avancée sous Mendès France, est confirmée, tandis que Guy Mollet et son ministre des Affaires étrangères Christian Pineau esquissent une ouverture vers l'Est (voyage à Moscou) et le Tiers Monde (voyages en Inde et en Egypte).

▶ **Le gouvernement de Guy Mollet est pris au piège de la guerre d'Algérie** (cf. p. 81).

• **Sa politique algérienne se heurte à deux obstacles insurmontables.** Le FLN poursuit sa stratégie de terrorisme et de combat et élimine progressivement les partisans de Messali Hadj, dirigeant nationaliste des années trente. L'intransigeance des Européens d'Algérie, bien relayée par un lobby parlementaire (le « Parti algérien »), conduit à rejeter les orientations réformistes du général Catroux, accusé de vouloir « brader » le territoire, et à précipiter le durcissement sous l'autorité du ministre-résident socialiste Robert Lacoste : toute solution négociée est désormais impossible (le gouvernement ordonne le rappel des réservistes).

• **Le choix d'une logique militaire conduit à l'escalade.** L'Armée qui procède au « quadrillage » de l'Algérie (isolée de la Tunisie par la *ligne Morice*) et développe l' « action sociale et psychologique » (par la Section administrative spéciale qui envoie des officiers s'occuper du développement économique et social local), s'engage en janvier 1957 dans la *Bataille d'Alger* (général Massu). Les incidents se multiplient avec Marocains et Tunisiens (détournement de l'avion de Ben Bella ou bombardement de Sakhiet Sidi Youssef). L'opération de Suez (octobre-novembre 1956) est également conçue pour frapper l'Egypte de Nasser, dénoncée comme la « base arrière du FLN ».

• **La guerre d'Algérie divise la France et affaiblit son image inter-nationale.** La France est attaquée à l'ONU. L'opinion se déchire entre ceux qui connaissent le « spasme nationaliste » et ceux qui dénoncent la « sale guerre ». La majorité s'effrite : PMF démis-sionne en mai 1956 ; la SFIO est menacée d'éclatement. L'autorité du gouvernement est entamée : une partie de l'Armée, en proie au « syndrome indochinois », privilégie sa propre logique du combat. Le conflit s'avère un gouffre financier (recours à l'emprunt) sur lequel chute Guy Mollet en mai 1957.

▶ **La crise du 13 mai 1958 ramène au pouvoir le général de Gaulle et ouvre la voie à la Vᵉ République.**
• **La décomposition du pouvoir débouche sur une crise du régime.** La SFIO qui veut éviter la scission se tenant à l'écart, les gouverne-ments des radicaux Bourgès-Maunoury et Félix Gaillard n'ont pas les moyens d'imposer la solution politique qu'ils recherchent. Les partis se morcellent et les « complots » se multiplient dans l'Armée, chez les activistes en Algérie (Ortiz) et en métropole (Soustelle, Bidault). Le 13 mai 1958, alors que le MRP Pierre Pflimlin est investi à Paris, Alger bascule dans l'insurrection.

• **Les journées de mai précipitent le recours à « l'homme provi-dentiel ».** Avec la complicité de l'Armée, la manifestation des Pieds-Noirs le 13 mai conduit à l'occupation du gouvernement général où se forme un Comité de Salut public de l'Algérie fran-çaise (CSP) dirigé par le général Massu puis par le général Salan. Le 15 mai, sous la pression des réseaux gaullistes, Salan fait appel à de Gaulle qui s'affirme « prêt à assumer les pouvoirs de la Répu-blique ». L'appareil d'Etat n'est plus sûr, à Paris on craint un coup de force : la Corse se rallie au CSP le 24. **Le 29, Coty désigne de Gaulle Président du Conseil et menace de démissionner s'il n'est pas investi : c'est chose faite le 1ᵉʳ juin.**

• **Investi des pleins pouvoirs, le général fait adopter une nouvelle Constitution.** De Guy Mollet à Antoine Pinay, tous les partis (sauf le PC et l'UDCA) sont représentés dans le gouvernement de Gaulle qui, après avoir obtenu les « pouvoirs spéciaux » en Algérie, est autorisé le 3 juin à réviser la Constitution : la IVe République est morte politiquement. Le 28 septembre, 80 % des Français approuvent par référendum la Constitution de la Ve République, directement inspirée par le *discours de Bayeux*.

Aux législatives de novembre, le scrutin majoritaire à deux tours amplifie le triomphe de l'UNR gaulliste et la déroute des partis traditionnels (à l'exception du CNIP). Le 21 décembre, les 80 000 grands électeurs élisent de Gaulle Président de la République avec 78,5 % des suffrages. Il nomme Michel Debré Premier ministre le 9 janvier 1959.

IV. La France de 1958 à 1969 : la « République gaullienne »

L'Homme du 18 juin 1940 apparaît en mai 1958 comme seul capable de sauver la République et de restaurer l'Etat. Cette tâche a comme préalable le règlement du problème algérien et l'instauration d'un Exécutif fort, émanation directe du peuple. Dans la tradition messianique du nationalisme français, de Gaulle est porteur d'un « Grand Dessein », à la réalisation duquel il subordonne toute son action politique.

1. Dès son installation à l'Elysée, de Gaulle s'emploie à créer les conditions devant permettre à la France de recouvrer son « rang »

▶ **Il doit dégager le pays « des astreintes que lui imposait son Empire ».**

● **La IVe République a légué à de Gaulle un héritage colonial lourd à gérer.** Alors que la loi-cadre Defferre ouvre la possibilité d'une transition pacifique en Afrique noire, l'intransigeance en Algérie semble conduire à une impasse. Convaincu de l'inéluctabilité d'une solution politique, de Gaulle doit d'abord ménager les partisans de l'Algérie française, quitte à pousser très loin l'art de l'équivoque : « Je vous ai compris ! », proclame-t-il lors de son discours au Forum d'Alger, le 4 juin 1958. Mais dès octobre, il propose au FLN la « paix des braves ».

• **Il infléchit peu à peu sa politique vers l'indépendance de l'Algérie.** En septembre 1959, la reconnaissance du droit des Algériens à l'autodétermination lance le processus qui aboutit aux *accords d'Evian* **(mars 1962)**. Les oppositions se déchaînent alors, y compris chez les gaullistes (à l'instar de Jacques Soustelle) et dans l'Armée : elles se manifestent notamment par la « semaine des barricades » en janvier 1960, le « putsch des généraux » et la création de l'OAS en 1961. Les violences et le terrorisme s'intensifient en métropole et en Algérie. Lasse du conflit et des attentats, l'opinion approuve massivement de Gaulle qui remporte un très large succès aux référendums de janvier 1961 et avril 1962.

• **L'Afrique noire et Madagascar évoluent sans heurt de l'autonomie interne à l'indépendance.** Dès septembre 1958, le référendum constitutionnel leur offre l'adhésion à une communauté d'Etats autonomes que seule la Guinée rejette. En 1960, la révision de la Constitution leur permet de devenir indépendants dans le cadre de cette *Communauté africaine et malgache*. A partir de 1961, la coopération économique, technique, culturelle et militaire perpétue la présence française.

▶ **Le Général renforce la prépondérance de l'Exécutif dans les institutions de la Vᵉ République** (cf. p. 50).

• **Inspirée du *discours de Bayeux*, la Constitution de 1958 donne de larges prérogatives au Président de la République, tout en demeurant parlementaire.** Les pouvoirs exécutif et législatif sont séparés (art. 23) mais le gouvernement reste responsable devant l'Assemblée qui peut être dissoute. Elu au suffrage indirect, le Président dispose de compétences discrétionnaires élargies : droit de dissolution (art. 12), recours au référendum (art. 11) ou aux pouvoirs spéciaux (art. 16). Nommés par lui (art. 8), le Premier ministre et le gouvernement apparaissent en position de force face à un Parlement aux initiatives limitées et aux capacités de contrôle étroitement réglementées (art. 49, § 3).

• **De Gaulle veut définitivement asseoir la prééminence du Chef de l'Etat.** Fort du soutien de l'opinion (référendums) mais suscitant l'indignation des partis, il s'adresse directement au pays et marginalise le Parlement : il encourage le gouvernement à utiliser les ordonnances, recourt à l'article 16 (lors du putsch des généraux en avril 1961) et nomme un non-parlementaire, Georges Pompidou, à la place de Michel Debré au poste de Premier ministre en avril 1962. Après l'attentat du Petit-Clamart organisé par l'OAS (22 août), il annonce, le 12 septembre, une révision constitutionnelle par référendum sur l'élection du Président au suffrage universel direct alors que la procédure prévue par la Constitution (art. 89) exigerait un vote préalable du Parlement.

● **Le référendum du 28 octobre 1962 lui permet de parvenir à ses fins.** Les partis dénoncent la « forfaiture » et le « coup d'Etat permanent » (selon le titre d'un ouvrage de F. Mitterrand) : ils adoptent, le 5 octobre, une motion de censure (la seule de la Ve République) contre le gouvernement. De Gaulle dissout alors l'Assemblée. Le « Cartel des non » subit une double défaite : 62 % des votants approuvent la révision constitutionnelle ; aux législatives de novembre, les gaullistes de l'UNR-UDT frôlent la majorité absolue, obtenue avec l'appoint des Républicains-Indépendants (RI), formation dissidente du CNIP créée par Valéry Giscard d'Estaing entre les deux tours.

▶ **Il jette les bases d'une grande politique d' « indépendance nationale ».**
● **La priorité accordée au redressement et à la modernisation obéit à cette préoccupation.** Le *Plan Pinay-Rueff* (décembre 1958) assainit l'économie par une politique d'austérité qui permet le retour aux grands équilibres et la création du *Nouveau Franc*. **Il prépare également le pays au choc de l'ouverture** résultant de l'application du *traité de Rome* et des négociations du *Dillon Round* au GATT.

Dès cette période l'intervention de l'Etat s'accentue : c'est l'époque de l' « ardente nécessité du Plan » et des réalisations de prestige comme le paquebot *France* ou l'avion supersonique *Concorde*. La France affirme sa présence dans des secteurs stratégiques tels le nucléaire, l'aéronautique et l'espace (création du Centre national d'Etudes spatiales en 1961). Mais l'Etat soutient également l'émergence de grands groupes privés dont il encourage la concentration.

● **De Gaulle s'oppose à une Europe supranationale.** Il n'est pas hostile à la construction européenne, nécessaire à la modernisation de l'économie française : il fait ainsi adopter par ses partenaires de la CEE la *Politique agricole commune* (PAC) en 1962. Mais le Général milite pour une « Europe des Patries » (mai 1962), confédérée et indépendante des deux Super-Grands : « l'Europe de l'Atlantique à l'Oural ». Il refuse le 14 janvier 1963 (puis à nouveau en 1967) l'entrée dans la CEE de la Grande-Bretagne, « cheval de Troie des Etats-Unis » et scelle, le 22, l'axe franco-allemand avec Adenauer *(traité de l'Elysée)*.

• **Il conteste le leadership américain, mais reste vigilant face au danger soviétique.** Dès 1958, de Gaulle propose sans succès un « Directoire à trois » de l'Alliance atlantique aux Etats-Unis et à la Grande-Bretagne et s'oppose à la réorganisation de l'OTAN proposée par Kennedy au printemps 1962. Il accélère le processus de fabrication de la **bombe A** lancé sous Félix Gaillard (la première explosion a lieu dans le Sahara algérien en février 1960) et cherche à se poser en médiateur entre l'Est et l'Ouest. Toutefois, le sommet à quatre prévu à Paris en mai 1960 est annulé en raison de l'incident de l'avion-espion américain U2. A l'automne 1962, la *crise des fusées* à Cuba conduit de Gaulle à faire bloc avec Washington.

2. La France retrouve un statut de grande puissance, mais le fossé se creuse entre le Président et les Francais.

▶ **L'Hexagone occupe à nouveau une place de premier plan sur l'échiquier international** (voir le volume sur les relations internationales).

• **La coexistence pacifique favorise l'épanouissement du « Grand Dessein » gaullien.** La supériorité mondiale des Etats-Unis ayant été démontrée par la crise de Cuba, de Gaulle pense pouvoir, sans risque, affirmer contre eux l'indépendance française. Il prône « détente, entente, coopération » avec l'Est. **La France se retire progressivement de l'OTAN entre 1963 et 1966.** L'explosion de la première bombe H française en 1968 renforce la doctrine de la « dissuasion tous azimuts » (la formule est du général Gallois) qui signifie que la France ne se protège pas seulement de l'URSS mais de toute atteinte potentielle à sa souveraineté. Il donne à sa diplomatie une tonalité vivement anti-américaine avec le discours de Pnom Penh (1966) où il critique l'engagement de Washington au Viêt-Nam, le discours de Québec où il proclame « Vive le Québec libre ! » et la contestation du dollar (1967). De Gaulle engage un rapprochement avec le monde arabe après la *Guerre des Six Jours* (1967). Enfin, il rejette vigoureusement le duopole soviéto-américain, ce qui l'amène à reconnaître la Chine populaire (1964) et à privilégier l'ouverture sur le Tiers Monde. Dans la CEE, il est le défenseur intransigeant de la souveraineté des Etats : la *politique de la chaise vide* qui débouche sur le **compromis de Luxembourg** (1965-1966) lui permet d'imposer ses vues : chaque Etat conserve un droit de veto, ce qui rend impossible une Europe supranationale.

• **La France enregistre la plus forte croissance du monde industriel derrière le Japon** avec une **expansion de 5,5 % par an en moyenne** (taux de croissance annuel du PIB). L'ouverture européenne aiguillonne la modernisation industrielle et agricole, pousse à l'investissement et stimule le commerce extérieur. Le marché intérieur s'élargit sous l'impact du *baby-boom*, du fordisme et des transferts sociaux (extension de la Sécurité sociale, quatrième semaine de congés payés chez Renault en 1962). Le niveau de vie moyen s'élève, surtout celui des classes moyennes (cadres, professions libérales). Société de consommation et civilisation des loisirs s'enracinent.

• **L'Etat s'affirme comme le moteur de l'expansion** au double plan conjoncturel (régulation keynésienne) et structurel (équipements collectifs, contrôle des prix et revenus...). La planification favorise les biens d'équipement, la recherche et les industries de pointe avec le *Plan Calcul* de 1966 ou le programme spatial de 1969. Les entreprises publiques et la DATAR créée en 1963 sont les instruments privilégiés du volontarisme économique : la création des complexes de Dunkerque et de Fos-sur-Mer symbolisent le redéploiement territorial et l'ouverture internationale ; la concentration s'accélère dans les domaines industriel (sidérurgie, automobile, aéronautique) et bancaire (création de la BNP).

Néanmoins, l' « économie mixte » qui associe Etat et capitalisme privé présente des travers (l'objectif est-il le prestige national ou la rentabilité ?) et des limites (Renault, première entreprise industrielle française n'est alors que la 22ᵉ mondiale !).

▶ **De Gaulle ne répond pas totalement aux attentes d'un pays en pleine mutation.**

• **La croissance présente de nombreux déséquilibres.**

— Les **pressions inflationnistes** demeurent : des phases de surchauffe alternent avec des périodes de refroidissement (Plan Pinay en 1958-1960, Plan Giscard en 1963, Plan Ortoli en 1969). Des dévaluations périodiques (1958, 1960) rythment ce *stop and go* à la française.

— **Les fruits de l'expansion sont mal répartis :** 5 % des Français détiennent 45 % du patrimoine. La modernisation ébranle par ailleurs l'équilibre social : révoltes des petits paysans (1961), grande grève des mineurs (1963), malaise et agitation d'un petit commerce en plein déclin. Le fordisme et le « travail en miettes » sont de plus en plus mal acceptés par les travailleurs à la chaîne. L'immigration massive, l'arrivée des Pieds-Noirs, l'exode rural et l'urbanisation déshumanisée ébranlent le monde du travail.

• **Les blocages de la France gaullienne nourrissent le malaise social et la contestation**. La concertation sociale est insuffisante. Les hauts fonctionnaires accaparent les fonctions gouvernementales au détriment des élus et les directions d'entreprises publiques : « l'énarchie » triomphe. « La France s'ennuie », affirme Pierre Viansson-Ponté. Comme dans les autres pays industrialisés, la société née des *Trente Glorieuses* est contestée comme le démontrent la révolte des OS, le malaise des jeunes, l'agitation gauchiste à l'université ou la dénonciation de l'« aliénation » par les intellectuels...

— **Un chômage structurel apparaît** et culmine à 450 000 en 1967, année de création de l'ANPE par Jacques Chirac, secrétaire d'Etat dans le gouvernement de Georges Pompidou.

• **« L'exercice solitaire du pouvoir » semble être la rançon de la stabilité politique.** La dérive présidentielle du régime s'accélère après 1962 car le principe de l'élection au suffrage universel direct réduit la vie politique à une bipolarisation entre partisans et adversaires du Président. Assuré d'une majorité parlementaire inconditionnelle (critiquée sous le terme de « godillots ») et hégémonique, il renouvelle la légitimité de sa prééminence par des appels réguliers au peuple, lors des référendums ou à l'occasion des élections législatives. Plus qu'un arbitre (art. 5), il s'affirme comme le véritable chef du gouvernement, détenteur d'un « domaine réservé » (la formule est de Jacques Chaban-Delmas en 1959) comprenant la Défense, le nucléaire, la diplomatie ou l'Afrique, mais laisse le suivi de « l'intendance » au Premier ministre.

▶ **Déboires électoraux et crises s'enchaînent à partir du milieu des années 60.**

• **Le Général est mis en ballottage en 1965 et la majorité ne l'emporte que d'extrême justesse lors des législatives de 1967.** Marquée par l'irruption de la télévision et des sondages, la présidentielle de décembre 1965 voit de Gaulle affronter François Mitterrand, candidat unique de la gauche et Jean Lecanuet, candidat de l'opposition centriste. Trop sûr de lui (« Moi ou le chaos! », affirme-t-il), sous-estimant le mécontentement social, il est accroché et ne l'emporte qu'au second tour face à Mitterrand avec 54,5 % des voix. Pompidou crée l'UDV^e et renvoie VGE dont le plan d'austérité est jugé partiellement responsable du mécontentement social. Mais les élections législatives de mars 1967 confirment la poussée de l'opposition, restructurée par la création de la FGDS (qui rassemble notamment socialistes et radicaux) et du Centre démocrate : la majorité sortante n'a que trois sièges d'avance.

• **L'explosion de mai 1968 prend tout le monde au dépourvu.** L'agitation universitaire explose à Paris le 3 mai, relayée le 13 par une grève générale de solidarité avec les étudiants débordant les syndicats. Le pays est paralysé, Pompidou prend l'initiative de négociations sociales tripartites : le 27 mai, syndicats et patronat signent les **accords de Grenelle** que la base rejette chez Renault. Le pouvoir semble vaciller : le 28, Mitterrand propose la formation d'un « gouvernement provisoire » ; le 29, de Gaulle « disparaît » à Baden-Baden avant de reprendre la situation en main le 30 en dissolvant l'Assemblée et en appelant à « l'action civique ». En juin, grèves et occupations s'effilochent, en dépit des mouvements gauchistes.

• **Son échec au référendum de 1969, sanction politique de Mai 68, conduit de Gaulle à démissionner.** Lors des législatives de juin 1968, la « majorité silencieuse » plébiscite les gaullistes regroupés dans l'UDR, qui obtient la majorité absolue. Dauphin devenu trop encombrant, Pompidou est « mis en réserve de la République » et remplacé par Maurice Couve de Murville. Edgar Faure réforme l'enseignement supérieur (loi d'octobre 1968). En quête d'une nouvelle légitimité, de Gaulle organise un référendum sur la décentralisation et la participation qui implique une réforme du Sénat. Ce projet cristallise les oppositions (gauche, centre, syndicats, notables) et les ressentiments (VGE ; milieux d'affaires) : le 27 avril 1969, le « non » l'emporte (53,2 %) ; le 28 au matin, de Gaulle démissionne et s'en retourne à Colombey-les-deux-Eglises.

En dépit d'acquis certains et d'un mieux-être réel, l'obsession du rang a masqué les insuffisances, introduit de nouveaux déséquilibres et entretenu les illusions d'une puissance désormais moyenne. Le « Grand Dessein » du Général n'a-t-il pas finalement une fonction écran ?

V. De Georges Pompidou à Valéry Giscard d'Estaing : les crises françaises des années 70

Les successeurs du général de Gaulle, le gaulliste Georges Pompidou puis le libéral Valéry Giscard d'Estaing, doivent faire face à une crise multiforme. Il leur faut, d'une part, prendre en compte les transformations de la société française et répondre aux aspirations exprimées lors des événements de Mai 68 ; il convient, d'autre part, d'adapter la France aux mutations de l'économie mondiale et de relever le défi de la *stagflation*, conjugaison d'inflation et de stagnation. Les insuffisances des réponses avancées expliquent en partie la victoire de la gauche et l'alternance en 1981.

1. La modernisation de la France est l'ambition prioritaire de la présidence inachevée de Georges Pompidou

▶ **L'héritier du général de Gaulle veut promouvoir « l'ouverture dans la continuité ».**

● **Georges Pompidou est facilement élu le 15 juin 1969** face au centriste d'opposition Alain Poher, président du Sénat, avec 58,2 % des voix : la gauche est absente du second tour ! Ancien Premier ministre du général de Gaulle, il a affirmé sa stature d'homme d'Etat à l'occasion de Mai 68 qui lui a fait prendre conscience des blocages de la société française. Pragmatique, il entend donc accélérer la modernisation dans un esprit d'ouverture. Toute à sa recomposition après la déroute des présidentielles, la gauche lui laisse le champ libre jusqu'à la création du Parti socialiste (PS) au congrès d'Epinay (1971) et la signature du *Programme commun de gouvernement* entre socialistes, communistes et radicaux de gauche (1972). La majorité s'élargit au Centre Démocratie et Progrès de Jacques Duhamel.

● **La *Nouvelle Société* veut renouer avec la dimension sociale du gaullisme.** Mai 68 a encouragé les mouvements de femmes (création du MLF), de jeunes ou d'ouvriers. La contestation n'a pas disparu à l'extrême gauche comme à l'extrême droite (création d'Ordre nouveau en 1970). Le Premier ministre Jacques Chaban-Delmas est conseillé par Simon Nora et par Jacques Delors, un syndicaliste représentatif de la *Deuxième Gauche* qui veut allier rigueur économique et générosité sociale. Il entreprend de réformer en profondeur la société et de répartir plus justement les fruits de la croissance, libéralise l'audiovisuel et relance la *régionalisation*. Il inaugure ainsi une politique d'ouverture et de dialogue social axée sur la **participation** des salariés aux profits de l'entreprise et la **politique contractuelle** gouvernement-syndicats-patronat : conventions collectives et nouveaux droits syndicaux en sont le résultat, ainsi que la mensualisation et la création en 1970 d'un salaire minimum interprofessionnel de croissance (SMIC) indexé sur l'expansion, et non plus seulement sur les prix.

● **Le Président privilégie l' « impératif industriel » plutôt que le « Grand Dessein » extérieur.** La dévaluation d'août 1969, l'effort de modernisation (VIe Plan) et la concentration (naissance de Péchiney-Ugine-Kuhlman ou de la SNIAS) dopent les exportations (la France se hisse au 3e rang mondial) et entretiennent la croissance (5,5 % l'an) en dépit d'une inflation rampante. La politique d'indépendance nationale est adaptée aux circonstances nouvelles. Pompidou rencontre le président américain Nixon aux Açores en 1971 pour envisager un renouveau du Système monétaire international : l'échec de cette entreprise conduit la France à participer au *Serpent monétaire* européen en 1972. Le Président reste fidèle à la détente (rencontres avec Brejnev en 1970-1971) mais se méfie de l'*Ostpolitik* de Willy Brandt (ouverture de l'Allemagne à l'Est). S'il poursuit la politique arabe du général de Gaulle, Pompidou accepte dès 1969 le principe de l'entrée de la Grande-Bretagne dans la CEE (qui deviendra effective au 1er janvier 1973).

► **Les déboires de cette politique conduisent le Président à tenter une reprise en main à partir de 1972.**

● **Mais les législatives de mars 1973 ne sont qu'un demi-succès pour Georges Pompidou.** Affaibli par le revers politique subi au référendum d'avril 1972 (sa politique européenne est approuvée mais avec un niveau très élevé d'abstentions), il s'irrite des succès du Premier ministre : il le remercie en juillet suivant et nomme un gaulliste plus docile, Pierre Messmer. Les réformes cèdent le pas aux préoccupations électorales : pour enrayer la poussée de l'Union de la gauche (PCF, PS et Radicaux de gauche), Pompidou durcit sa politique mais doit au rapprochement avec les centristes du Mouvement réformateur (Jean Lecanuet, Jean-Jacques Servan-Schreiber) de conserver la majorité. La gauche réunit 45,5 % des suffrages.

● **Rongé par la maladie, il doit affronter l'irruption de la crise mondiale.** Le choc pétrolier d'octobre 1973 relance l'inflation et ralentit l'expansion. Le chômage se développe (450 000 début 1974) et les conflits sociaux se durcissent avec l'affaire Lip, la grève des OS de l'Usine Renault du Mans ou la colère du CID UNATI de Gérard Nicoud, représentant les petits commerçants. La crise réveille les tensions avec les Etats-Unis (Pompidou rencontre Nixon à Reykjavik en 1973 mais refuse de participer à l'Agence internationale de l'Energie en 1974) et s'accompagne d'un retour à des options plus gaulliennes : alors que Michel Jobert, ministre des Affaires étrangères, dénonce sans répit le « condominium américano-soviétique », Pompidou se rend en voyage officiel à Pékin (1973) et recentre la politique européenne sur l'axe franco-allemand.

● **Pompidou meurt le 2 avril 1974 sans successeur désigné.** Son mandat inachevé consacre une présidentialisation du régime : outre le « domaine réservé », l'Elysée gère désormais « l'intendance » de plus en plus près. Depuis l'époque de Matignon, une nouvelle génération de technocrates affirme sa présence au pouvoir : conseillers omniprésents du Président (Marie-France Garaud, Pierre Juillet, Edouard Balladur) ou jeunes ministres (VGE, Jacques Chirac). Peu attaché à l'idéologie du Rassemblement, contraint à des alliances électorales et confronté à la dynamique de l'Union de la Gauche, le « pompidolisme » se caractérise par une droitisation du gaullisme. Très affaibli, le Président envisage d'écourter son mandat en instaurant le *quinquennat*, mais doit y renoncer faute de majorité assurée au Congrès (octobre 1973).

2. Valéry Giscard d'Estaing veut rénover la société française mais son projet libéral est mis en échec par la crise

▶ **Premier Président non gaulliste de la Vᵉ République, il doit affronter la stagflation et les réticences de sa majorité parlementaire.**
● **Il est élu de justesse contre François Mitterrand grâce au ralliement d'une partie des gaullistes** derrière Jacques Chirac qui réduit ainsi à néant les chances de Jacques Chaban-Delmas, candidat officiel de l'UDR. Au terme d'une campagne dynamique, Valéry Giscard d'Estaing l'emporte sur le candidat unique de la gauche avec seulement 1,6 % de voix d'avance. Il nomme Chirac Premier ministre. Aspirant à la « décrispation » et à la banalisation de l'al-

ternance, le Président entend « gouverner au centre » et promouvoir d'ambitieuses réformes de société. Mais il doit d'abord faire face à l'urgence d'une situation économique demeurée en attente et choisit l'option des grands équilibres (***Plan Fourcade*** de lutte contre l'inflation en septembre 1974) pour réintégrer dès juillet 1975 le Serpent monétaire européen (que la France avait dû quitter en janvier 1974).

● **En dépit de ses initiatives, le Président est d'emblée fragilisé par la dégradation économique.** L'activité réformatrice se traduit par de nombreuses mesures : droit de vote à 18 ans et saisine parlementaire du Conseil Constitutionnel ; légalisation de l'interruption volontaire de grossesse (IVG) ; garantie de ressources pour les chômeurs et extension de la Sécurité sociale. Pourtant, l'opinion s'alarme devant l'aggravation de la crise. Jacques Chirac met en œuvre, dès septembre 1975, un plan de relance d'inspiration keynésienne qui ne parvient pas à juguler la stagflation : l'inflation se maintient au-dessus de 10 % tandis que la « croissance zéro » enregistrée en 1975 se traduit par une nouvelle poussée du chômage et que le solde commercial devient négatif. Devant la progression de la gauche aux cantonales de 1976, le Premier ministre préconise des élections anticipées que rejette le Président.

● **Ses dissensions avec Jacques Chirac aboutissent à la démission du Premier ministre en 1976.** Celui-ci prend le contrôle de l'UDR, première formation de la majorité, et entend pleinement diriger le gouvernement. A l'Assemblée, les élus gaullistes critiquent le « libéralisme avancé » et les « gadgets » présidentiels (visites aux détenus, petit déjeuner avec les éboueurs, décentralisation du conseil des ministres...). **En août 1976,** Chirac démissionne avec fracas et VGE **le remplace par l'économiste Raymond Barre** qui engage le pays sur la voie de l'austérité. La présidentialisation du régime s'accentue alors. En politique extérieure, la continuité est de mise : VGE poursuit la politique de détente avec l'Est (il signe les *accords d'Helsinki* en 1975) tout en renforçant l'axe franco-allemand avec le chancelier Helmut Schmidt. En janvier 1976, la France avalise les accords monétaires de la Jamaïque.

▶ **L'enfoncement dans la crise économique et l'isolement politique croissant du Président expliquent sa défaite de 1981.**

● **En mars 1978, les divisions de la gauche permettent une courte victoire de la majorité sortante aux législatives.** La création par Jacques Chirac du Rassemblement pour la République (RPR) en décembre 1976 consacre le divorce au sein de la majorité. Les municipales de mars 1977 sont un désaveu pour le pouvoir : la gauche est virtuellement majoritaire et Chirac conquiert la mairie de Paris contre le giscardien Michel d'Ornano, un proche du Président. **Mais en septembre 1977, le PC inquiet des progrès du PS rompt l'Union de la gauche.**

Giscard reprend alors l'initiative : il fédère le centre droit dans l'Union pour la Démocratie française (UDF) en février 1978. Dans la perspective des législatives de mars, il s'engage personnellement dans la campagne électorale et appelle les électeurs à faire « le bon choix » (discours de Verdun-sur-le-Doubs) : la gauche progresse mais est battue, l'UDF s'affirme sans supplanter le RPR.

• **Mais la fronde du RPR et les revers de Raymond Barre déstabilisent VGE.** Le Premier ministre et René Monory, ministre de l'Economie, mettent en œuvre une politique libérale : retour progressif à la liberté des prix, aides publiques à l'investissement, encouragement aux placements en Bourse (SICAV Monory), allégement des charges sociales des entreprises... Malgré la mise en place du SME, le deuxième choc pétrolier et la hausse du dollar (1979) accentuent les déséquilibres, ce que traduit la forte poussée du chômage (1,7 million en avril 1981) et de l'inflation (13,5 %). Le mécontentement grandit dans l'opinion. A l'Assemblée, l'obstruction systématique du RPR oblige Raymond Barre à recourir à l'article 49, § 3.

• **Le 10 mai 1981, François Mitterrand est élu Président de la République.** L'effondrement de la popularité de VGE procède de plusieurs facteurs. La crise économique, loin d'avoir été vaincue, tend à s'aggraver. Comme il l'avait lui-même reproché au général de Gaulle, le Président se voit à son tour taxé d' « exercice solitaire du pouvoir ». Il est également critiqué pour ses maladresses en politique extérieure : outre les faux pas de la France dans l'imbroglio tchadien, ses adversaires insistent sur sa complaisance à l'égard de l'URSS après l'invasion de l'Afghanistan ; ils déplorent également le laxisme politique et administratif qui a permis à l'ayatollah Khomeiny de téléguider en toute impunité la révolution islamique iranienne à partir de son asile de Neauphle-le-Château. Une série d' « affaires » vient également éclabousser le Président, comme la mort mal élucidée de son ministre du Travail Robert Boulin en 1979. Mais le coup politique le plus rude est porté par des révélations selon lesquelles VGE aurait accepté en cadeau des diamants de l'ex-empereur de Centrafrique Jean-Bedel Bokassa : la défense maladroite du Président sème le trouble dans l'opinion et l'expose aux attaques nourries de l'opposition et de la presse.

Cette conjoncture politique sert François Mitterrand qui parvient de justesse à s'imposer au Congrès de Metz (1979) face à Michel Rocard comme le candidat du PS et se lance dans la bataille pour l'Elysée avec un programme de *110 Propositions* pour *Changer la Vie*. Il bénéficie de l'érosion du pouvoir, de la candidature Chirac, du déclin du PC, ramené à son score de 1936, et de la qualité de sa campagne (cf. le slogan électoral « La force tranquille »). Essentielles sont l'attitude ambiguë de Jacques Chirac, qui n'appelle pas clairement à voter pour Valéry Giscard d'Estaing au second tour, et la disparition de « l'épouvantail communiste » puisque le PCF affaibli ne semble pas capable d'imposer ses choix. Ainsi F. Mitterrand remporte la victoire au second tour avec 51,75 % des voix et la majorité dans 65 départements.

Le régime mis en place par le général de Gaulle en 1958 a bien résisté à la disparition de son fondateur et au passage de l'Exécutif entre les mains d'un non-gaulliste. Pourra-t-il supporter le choc de l'alternance et l'installation à l'Elysée d'un adversaire affiché des institutions ?

VI. La France de 1981 à 1995 : les « années Mitterrand »

L'élection du socialiste François Mitterrand, le 10 mai 1981, consacre un adversaire du gaullisme, qui a dénoncé la pratique des institutions dans son ouvrage *Le coup d'Etat permanent* (1964). Il est réélu en 1988 face à une droite toujours divisée : depuis l'adoption du septennat sous MacMahon en 1873, il est le premier Président à aller au terme d'un deuxième mandat. Alors qu'on attendait le « changement », les institutions sont pérennisées, les projets globaux de société disparaissent avec la fin de la guerre froide et les socialistes se convertissent au marché. Mais la crise économique et sociale résiste aux gouvernements successifs.

1. L'élection de François Mitterrand porte la gauche au pouvoir, et la Ve République se trouve confortée à l'épreuve de l'alternance

▶ **L'aspiration à « changer la vie » cède peu à peu le pas au pragmatisme.**

• **Pierre Mauroy forme un gouvernement d'***Union de la Gauche*, à l'issue des législatives de juin 1981 qui donnent au seul PS la majorité absolue, soit 285 sièges contre 157 à la droite. Avec 44 élus, le PC perd 42 sièges, mais pour la première fois depuis 1947 il y a des ministres communistes : Charles Fiterman (ministre d'Etat) aux Transports, Anicet Le Pors à la Fonction publique, Jack Ralite à la Santé et Antoine Rigoud à la Formation professionnelle. En charge de portefeuilles « sociaux », ils doivent garantir au nouveau gouvernement le soutien de la CGT et la paix sociale. Par ses excès verbaux, le congrès du PS à Valence d'octobre 1981 montre que ce parti a du mal à se muer en parti de gouvernement.

• **En plein « état de grâce », la gauche engage le plus vaste train de réformes depuis la Libération.** Des mesures symboliques sont votées comme l'abolition de la peine de mort et de la *loi Sécurité et Libertés,* l'autorisation des « radios libres » ou le remboursement de l'Interruption volontaire de grossesse (IVG). L'Etat réalise de vastes nationalisations industrielles et bancaires (cf. encadré p. 39) tandis que la *loi Defferre* de 1982 engage la décentralisation. Une politique de soutien à la demande d'inspiration keynésienne est mise en œuvre, axée sur la redistribution des revenus (création de l'*Impôt sur les grandes fortunes,* augmentation du SMIC et des allocations familiales), l'élargissement de l'Etat-providence et le partage du travail (instauration de la semaine de trente-neuf heures, de la retraite à 60 ans et de la cinquième semaine de congés payés). Quelque 200 000 fonctionnaires sont recrutés. Le souci de justice sociale amène le gouvernement à élargir les droits des salariés (*lois Auroux* de 1982) et à renforcer la protection des locataires *(loi Quillot).* A l'extérieur, la continuité sur l'Europe, l'Afrique et la Défense va de pair avec un infléchissement tiers-mondiste que traduisent la *Conférence de Cancun* (octobre 1981) ou le contrat gazier « exemplaire » avec l'Algérie (février 1982) : la France accepte d'acheter à ce pays son gaz plus cher que le cours du marché.

— **Mais un changement de cap s'impose dès juin 1982** : la relance isolée creuse les déficits publics, sociaux et extérieurs ; le chômage progresse (plus de 2 millions) et l'inflation persiste. Les revers électoraux s'accumulent aux élections législatives partielles (1981) et aux cantonales de mars 1982. Par deux fois, en octobre 1981 et en juin 1982, **le franc doit être dévalué.**

Malgré les tentations de sortir du SME affichées par Jean-Pierre Chevènement ou Pierre Bérégovoy, priorité est donnée aux options européennes. D'où le plan de rigueur de juin 1982, puis le plan d'austérité de Jacques Delors, ministre de l'Economie et des Finances, assorti d'une troisième dévaluation en mars 1983 : les municipales sont alors un cuisant échec pour la gauche.

En politique extérieure, un bémol est mis au tiers-mondisme, ce qui entraîne la démission de Jean-Pierre Cot, ministre de la Coopération, en décembre 1982.

▶ **L'impuissance de la gauche face à la crise conduit à sa défaite en 1986 et à la cohabitation.**

● **Le choix de Laurent Fabius, en juillet 1984, consacre le recentrage du pouvoir** sans empêcher l'érosion de la gauche et la montée du Front national dirigé par Jean-Marie Le Pen, ancien député poujadiste, qui dénonce surtout la montée de l'immigration et ses conséquences. Pierre Mauroy démissionne, désavoué sur la question scolaire (échec de la loi Savary devant l'opposition des partisans de l'école libre) et lors des élections européennes de juin. Nommé ministre de l'Economie et des Finances, Pierre Bérégovoy incarne désormais l'orientation néo-libérale et monétariste du gouvernement, dont se retirent les communistes. Le gouvernement Fabius parvient à maîtriser l'inflation mais souffre de la montée du chômage et de l' « affaire Greenpeace » (1985) : cet attentat contre le navire d'une association écologiste perpétré par les services secrets français en Nouvelle-Zélande entraîne la démission du ministre de la Défense, Charles Hernu.

● **François Mitterrand est contraint à une « coexistence » tendue avec la droite** après les législatives de mars 1986 à la proportionnelle, suite au changement de mode scrutin intervenu en février 1985. *Jacques Chirac est nommé Premier ministre* et procède d'emblée à une dévaluation. La très courte majorité RPR-UDF (288 députés) mène une politique néo-libérale conduite par Edouard Balladur, ministre d'Etat chargé de l'Economie et des Finances, véritable « numéro deux » du gouvernement : les privatisations (cf. encadré) et la déréglementation s'inscrivent dans la perspective de l'*Acte unique européen,* **ratifié par la France en 1987.** Charles Pasqua, ministre de l'Intérieur, applique une politique sécuritaire qui vise à combattre l'immigration clandestine et la vague terroriste qui frappe la France en 1986. Enfin, le gouvernement rétablit le scrutin majoritaire.

Encadré 1
Nationalisations et privatisations

● **Par la *loi de nationalisation du 26 octobre 1981*,** l'Etat prend le contrôle de 9 groupes industriels (Saint-Gobain-Pont-à-Mousson, Usinor, Sacilor, Compagnie générale d'Electricité, Thomson-Brandt, Péchiney-Ugine-Kuhlmann, Rhône-Poulenc, Bréguet-Dassault, Matra), 36 banques (dont Rothschild, Worms, CIC) et deux compagnies financières (Indosuez et Paribas).

Un deuxième train de nationalisations est appliqué à la fin de 1982 aux entreprises à forte participation étrangère : Roussel-Uclaf, CII-Honeywell-Bull, CGCT (Compagnie générale de constructions téléphoniques) et LTT (Lignes télégraphiques téléphoniques).

L'Etat, qui indemnise les actionnaires, contrôle ainsi le tiers du chiffre d'affaires de l'industrie, 17 % du PNB, 85 % du crédit et 90 % des dépôts bancaires. Le nombre des salariés du secteur public concurrentiel passe de 950 000 à 1 750 000.

● **La *loi de privatisation du 31 juillet 1986*** prévoit la revente par l'Etat de 65 entreprises publiques en cinq ans, parmi lesquelles des sociétés nationalisées à la Libération. La loi réserve 10 % du capital au personnel et limite à 15 % les prises de participation étrangères. La constitution de « noyaux durs » doit assurer la stabilité de l'actionnariat. En raison du krach boursier d'octobre 1987, un nombre limité de privatisations a lieu : 4 groupes industriels (Saint-Gobain-Pont-à-Mousson, CGE, CGCT, Matra), 2 groupes de communication (Havas, TF1), 5 banques (CCF, Société générale, Sogenal, Banque du Bâtiment et des Travaux publics, BIMP) et 2 groupes financiers (Paribas, Suez). Le groupe pétrolier Elf-Aquitaine est l'objet d'une privatisation partielle.

Le gouvernement d'Edouard Balladur renoue avec la politique de privatisation : BNP (1993), Elf-Aquitaine (1994), SEITA (1995). Il procède également à la privatisation partielle de Renault.

Pour la première fois depuis 1958, l'article 20 de la Constitution (« Le gouvernement détermine et conduit la politique de la Nation ») est véritablement appliqué, mais le Président conserve son « domaine réservé » face à un gouvernement dont la marge de manœuvre est réduite par la bonne résistance du PS et la poussée du Front national : François Mitterrand peut ainsi refuser en juillet 1986 de signer les ordonnances sur les privatisations que lui présente le Premier ministre.

• **Les déboires et les divisions de la coalition** RPR-UDF **expliquent l'échec de Jacques Chirac en 1988.** Malgré une diminution du chômage, la droite sort affaiblie de la cohabitation. L'application de son programme économique libéral s'est heurtée à des résistances qu'elle avait sous-estimée ; elle a par ailleurs été entravée par le krach boursier d'octobre 1987 qui a empêché le gouvernement de poursuivre les privatisations. L'image du Premier ministre et de la droite libérale a été ternie par la contestation étudiante de 1986 (qui aboutit à la démission d'Alain Devaquet, ministre de la Recherche et de l'Enseignement supérieur), ainsi que par les conditions mal expliquées de la libération des otages détenus au Liban (était-elle le résultat d'un marchandage avec les terroristes ?) ou les violences en Nouvelle-Calédonie à la veille du scrutin présidentiel.

Le duel Chirac-Barre au premier tour de l'élection, la progression de Jean-Marie Le Pen, l'effondrement du PC et l'habileté manœuvrière de François Mitterrand qui prône l' « ouverture » politique, la tolérance et le respect des « acquis sociaux » qu'il revendique dans sa *Lettre aux Français* expliquent sa confortable victoire contre Jacques Chirac (54 % des voix) le 8 mai 1988. La droite, largement majoritaire au premier tour, est une nouvelle fois battue au second à cause de ses divisions.

▶ **Succès personnel, la réélection de 1988 est le prélude à une succession de revers pour le Président et la gauche.**

• **L' « ouverture » est un échec et Michel Rocard ne parvient pas à enrayer la crise.** Nommé Premier ministre, il n'obtient pas de ralliement collectif des centristes. Pour la première fois depuis 1958, le gouvernement n'a qu'une majorité relative aux législatives de juin 1988 : l'ouverture se limite donc à la « société civile » (Bernard Kouchner, fondateur de *Médecins du Monde*, l'historien Alain Decaux) et à quelques personnalités du centre (Jean-Pierre Soisson, Michel Durafour, anciens ministres de VGE). Michel Rocard veut ouvrir de « grands chantiers » : l'Education, la Sécurité sociale, les retraites, la ville, la rénovation du secteur public. Il crée le *Revenu minimum d'insertion* (RMI), l'*Impôt de Solidarité sur la Fortune* (ISF) et la *Contribution sociale généralisée* (CSG), impôt retenu à la source pour financer les régimes sociaux. Il négocie les *accords de Matignon* sur la Nouvelle-Calédonie, approuvés par le référendum de 1988. Mais le gouvernement ne parvient pas à profiter de la reprise économique internationale ; le coup de frein donné à la croissance par la guerre du Golfe (1990-1991) n'en est que plus durement ressenti (creusement des déficits publics et sociaux, redémarrage du chômage), alors que s'accumulent les « affaires » (Péchiney, Société générale, Urba-Graco). François Mitterrand dénonce le « déficit social » du gouvernement tandis que le PS est miné par les luttes de courants, qui culminent au congrès de Rennes en mars 1990.

• **Ni Edith Cresson, ni Pierre Bérégovoy ne réalisent le « nouvel élan » voulu par le Président,** dont la cote de popularité s'effrite. Mme Cresson est la première femme à accéder à Matignon, le 15 mai 1991. Elle entend privilégier le renforcement du tissu économique avec son plan PME-PMI et une série de restructurations industrielles (Bull) ; l'orientation européenne est maintenue avec le *traité de Maastricht* (décembre 1991). Ses maladresses et ses échecs électoraux conduisent, en avril 1992, à son remplacement par Pierre Bérégovoy, l'homme du franc fort depuis 1984. Mais la récession s'installe et le chômage dépasse les 3 millions tandis que les déboires s'accumulent. Le « oui » ne remporte qu'une courte victoire lors du référendum sur la ratification du traité de Maastricht, alors que les turbulences sur le marché des changes fragilisent le SME (septembre 1992) et nourrissent les attaques contre le franc. Surtout, **les « affaires » rebondissent,** mettant en cause des proches du Président comme son ami Roger-Patrice Pelat accusé de délit d'initié dans l'affaire Péchiney, Laurent Fabius impliqué dans le scandale du sang contaminé ou le ministre de la Ville, Bernard Tapie, qui doit démissionner suite à son inculpation. Le PS subit une déroute sans précédent aux législatives de mars 1993 et n'obtient qu'une soixantaine de députés. La nouvelle Assemblée ne compte aucun élu écologiste ou Front national, 494 sièges sur 588 revenant à la coalition RPR-UDF.

• **La nomination du RPR Edouard Balladur à Matignon inaugure la deuxième cohabitation.** Le Premier ministre prend d'emblée des mesures symboliques propres à satisfaire son impatiente majorité : réforme du Code de la nationalité, baisse des taux d'intérêt, loi de privatisation et allégement des charges des entreprises à hauteur de 80 milliards de francs. Mais Edouard Balladur est confronté à des dossiers brûlants : l'assainissement des comptes publics et sociaux l'amène à augmenter les prélèvements sur les ménages *via* la CSG ; l'offensive spéculative d'août 1993 souligne les faiblesses du « franc fort » et conduit à une dislocation du SME ; l'aggravation du chômage l'oblige à prendre des mesures ponctuelles de relance (soutien au bâtiment et à la consommation des ménages).

Si le gouvernement a pu faire accepter les accords de l'*Uruguay Round* (décembre 1993) après avoir obtenu quelques concessions pour l'agriculture et l'audiovisuel français, une partie de sa majorité refuse une trop forte ouverture sur le monde extérieur comme le confirment les élections européennes (demi-échec de la liste RPR-UDF, percée de Philippe de Villiers, maintien du Front national).

De fait, **les difficultés s'accumulent pour le Premier ministre** tout au long de 1994. Dans le domaine scolaire, la tentative de révision de la loi Falloux en un sens favorable à l'école privée se heurte au veto du Conseil constitutionnel, ainsi qu'à la mobilisation des laïques et de la gauche (janvier 1994). Une partie de la jeunesse se dresse contre le projet gouvernemental de CIP, *Contrat d'insertion professionnelle* qui permettrait d'embaucher des jeunes avec des salaires réduits (février 1994). La reprise économique et la stabilisation du chômage, si souvent annoncées, tardent à se faire sentir. Ayant fait de la lutte contre la corruption un autre « cheval de bataille », le gouvernement Balladur est à son tour éclaboussé par les « affaires » : trois de ses ministres sont mis en examen et doivent démissionner ; fait sans précédent, l'un d'entre eux (Alain Carignon) est même placé en détention préventive.

Contrairement à la première cohabitation, **François Mitterrand est resté en retrait** : affaibli par la maladie, marginalisé par l'effondrement du PS, touché par les « affaires » (écoutes téléphoniques, suicide de Pierre Bérégovoy le 1er mai 1993...) et les révélations sur ses rapports ambigus avec Vichy, le Président semble se cantonner au rôle de simple garant des acquis sociaux, européens et institutionnels.

Le début de 1995 est dominé par la campagne présidentielle. Malgré ses déboires, la cote de popularité du Premier ministre reste exceptionnellement élevée : fort du soutien de l'UDF et d'une fraction du RPR emmenée par le ministre de l'Intérieur Charles Pasqua, Edouard Balladur décide donc dès janvier de se lancer officiellement dans la course à l'Elysée, malgré la candidature déclarée d'un Jacques Chirac malmené alors dans les sondages.

Mais **le candidat Balladur est désormais attaqué** sur les insuffisances de son bilan gouvernemental. Jacques Chirac et Lionel Jospin, candidat du PS, lui reprochent son immobilisme, une certaine indécision et l'enlisement des réformes. Le projet de réforme des IUT fait de nouveau descendre une partie de la jeunesse dans la rue en février 1995, alors qu'un scandale d'écoutes téléphoniques implique directement Charles Pasqua.

Edouard Balladur perd du terrain dans les sondages : au soir du premier tour, le 23 avril, il est distancé d'une courte tête par Jacques Chirac (18,6 % des suffrages contre 20,8 % au maire de Paris) et éliminé du second tour. La division de la majorité permet à Lionel Jospin d'arriver en tête avec 23,3 % des voix. Le fait marquant est l'éparpillement de l'électorat et la poussée du vote protestataire qui représente plus du tiers des suffrages exprimés : Jean-Marie Le Pen, leader du Front national, recueille ainsi 15 % des voix. **Jacques Chirac est élu au second tour Président de la République** : il l'emporte avec 52,63 % des voix et dans 70 départements métropolitains.

2. Au-delà des joutes politiques, les deux mandats de François Mitterrand semblent illustrer le besoin croissant d'apaisement d'une société ébranlée par la crise

▶ **Avec le temps, le Président a fini par incarner l'image de la « force tranquille », pôle de stabilité à la tête de l'Etat.**

● **La présidence de François Mitterrand consacre une lecture et une pratique inédites de la Constitution** (cf. p. 53). Tout en contribuant lui-aussi à la dérive « monarchique » du régime, le dénonciateur du « coup d'Etat permanent » a démontré la souplesse des institutions et réussi une dédramatisation de l'alternance sans faire disparaître le clivage gauche-droite. Les deux *cohabitations* semblent autoriser une double lecture de la Constitution : l'une, « présidentielle », qui correspond à la pratique en vigueur de 1958 à 1986, et l'autre, « parlementaire », qui s'est affirmée en 1986-1988 et en 1993-1995. Ces deux lectures consacrent l'avènement d'une « présidence à géométrie variable » et la prééminence de l'Exécutif face à un Parlement corseté par les mécanismes de rationalisation (art. 49, § 3) ou l'étroitesse des majorités (1986-1988, 1988-1993). Dans cette nouvelle configuration, le Conseil constitutionnel est amené à jouer un rôle plus actif sans ériger pour autant un « gouvernement des juges » (il n'existe toujours pas de saisine directe par les citoyens). De même, faute de ressources suffisantes pour les instances locales et régionales, la décentralisation demeure inachevée.

● **Le slogan « génération Mitterrand » traduit une tentative de regrouper derrière le Président les « forces de progrès »,** selon la formule de la gauche. On peut y voir la volonté de capter les nouvelles formes d'expression politique de la « société civile » (écologie, anti-racisme, féminisme, humanitaire, banlieues, culture...) et de consti-tuer une « nébuleuse-PS » (médias, associations, nouveaux « com-pagnons de route »). Il s'agit notamment d'être présent parmi les jeunes et les minorités, et pour ce faire de s'appuyer sur la généra-tion de Mai 68 et le marketing politique. L'objectif ultime est de substituer à l'image du « Président-partisan » celle du « Président-rassembleur » face à la droite et au Front national.

• **Mais le « système Mitterrand » se nourrit également des contradictions du pays.** Politicien chevronné, le Président a surtout su tirer profit des faiblesses, des divisions et des erreurs de ses adversaires. Cette pratique lui a permis de durer au pouvoir, quitte à jouer les apprentis-sorciers (en utilisant de manière « tactique » le Front national pour gêner la droite parlementaire) et à affaiblir peu à peu sa propre famille politique (comme l'attestent l'isolement croissant du PS et le « découplage » Président-parti) : ce jeu politi-cien fondamentalement conflictuel (cf. la relance périodique du débat sur le vote des immigrés) devient la seule issue à l'érosion alors que la fin des idéologies paraît conduire au consensus. Les échecs électoraux de la gauche en 1986 et de la droite en 1988 s'ex-pliquent notamment par le rejet d'un certain dogmatisme et des stratégies de rupture, à moins que l'on insiste sur l'incapacité des partis à incarner les nouvelles aspirations de leurs électeurs.

Par ailleurs, la légitimité du système représentatif semble atteinte par la multiplication des affaires politico-financières. Dans un climat de « fin de règne », les investigations de la Justice révè-lent à l'opinion que la réalité du pouvoir tend à être captée par un *Establishment* constamment tenté d'échapper au contrôle démocra-tique ou à la loi commune. Face à cette défaillance des élites, les citoyens peuvent être tentés de se réfugier dans la dérision médiati-sée *(Bébête show, Guignols de l'Info)* ou de se tourner vers les pro-testataires de droite (Jean-Marie Le Pen, Philippe de Villiers) comme de gauche (Bernard Tapie) : le terme ambigu de « popu-lisme » s'impose pour caractériser ces courants.

► **Au bout du compte, sa politique extérieure s'inscrit dans la conti-nuité, avec une priorité affirmée pour un grand dessein européen.**
• **En matière de diplomatie et de défense, les acquis principaux de la Ve République sont assumés.** En dépit des réserves et critiques, François Mitterrand ne remet pas en cause la politique d'indépen-

dance nationale et réaffirme l'autonomie de la France vis-à-vis des blocs. A l'image de ses prédécesseurs, il considère que la politique extérieure appartient au « domaine réservé » du Président. Il maintient ainsi les options essentielles comme la dissuasion nucléaire, le « pré carré » africain, l'attention particulière aux problèmes du Tiers Monde et la permanence du dialogue franco-arabe (contacts suivis avec l'OLP, participation à la FORPRONU au Liban) malgré un souci de rééquilibrer la politique française au Moyen-Orient (cf. le voyage à Jérusalem et le *discours de la Knesset* en mars 1982).

• **François Mitterrand a dû adapter le schéma gaullien des relations Est-Ouest à la fin de la guerre froide.** Sa sensibilité atlantiste est tempérée par le pouvoir, les progrès de la construction européenne et le déclin accéléré du communisme. Son soutien aux Etats-Unis face à l'URSS est ferme (ce que démontre le discours prononcé au *Bundestag* lors de la crise des euromissiles en janvier 1983) sans être pour autant inconditionnel : sous Mitterrand, la France critique la pratique du « dollar yoyo », dénonce l'unilatéralisme américain au GATT et refuse de participer à l'opération punitive contre la Libye en 1986.

Face aux bouleversements à l'Est de l'Europe, le Président a d'abord paru tenté de jouer la carte du *statu quo*. D'où sa réticence première à l'égard de la réunification allemande (1989-1990), ses atermoiements lors du putsch des communistes « conservateurs » à Moscou, qu'il hésite à condamner (août 1991), ou sa préférence au maintien de la Fédération yougoslave même après les sécessions croate et slovène (1991).

Mais dans le même temps, la France manifeste sa volonté de participer à l'établissement du nouvel ordre mondial en utilisant son statut de « Grand » à l'ONU : c'est cette logique qui explique sa participation à la guerre du Golfe en 1990-1991. Il n'en reste pas moins que la fin de l'affrontement Est-Ouest ampute considérablement sa capacité à peser sur le jeu international et souligne son statut de puissance moyenne. Pour pouvoir continuer à affirmer sa spécificité dans le monde « unipolaire » de l'après-guerre froide, la France semble privilégier la carte de l'action humanitaire : c'est à ce titre qu'elle participe aux missions des Nations-Unies au Cambodge, en Bosnie ou en Somalie.

• **L'intégration européenne lui paraît la réponse appropriée à la crise et à la déstabilisation possible du Vieux Continent** (cf. p. 98).

En dépit d'une difficile renégociation de la réforme de la PAC (1992) et de la crise de l'*Uruguay Round* (1992-1993), la France affiche une solidarité sans faille à l'égard de ses partenaires dans le domaine diplomatique (soutien à la Grande-Bretagne lors de la guerre des Malouines en 1982) et dans le domaine monétaire (acceptation des contraintes du SME et de la dynamique de l'UEM). L'axe franco-allemand a résisté à toutes les tempêtes, même s'il est mis à l'épreuve depuis la réunification. Paris est en pointe dans le processus d'élargissement (Espagne et Portugal en 1986) et d'intégration (de l'Acte unique à Maastricht). Certains critiquent cette évolution vers une « Europe supranationale » qui leur paraît contradictoire avec le principe d'indépendance nationale, par ailleurs confirmé.

▶ **Mais, après une décennie de rigueur gestionnaire, chômage et exclusion apparaissent comme la rançon du « franc fort »** (cf. p. 93).

● **L' « économie mixte » a servi de cadre à la « désinflation compétitive ».** A partir de 1983, l'influence de la *Nouvelle Gauche* se fait sentir sur les choix de politique économique. Jacques Delors, Michel Rocard ou Pierre Bérégovoy veulent réconcilier justice sociale et efficacité économique dans la rigueur gestionnaire, alors que la crise et l'engagement européen renforcent la contrainte externe. Le choix d'un « franc fort » pour restaurer la compétitivité et les grands équilibres implique une dépendance accrue à l'égard de la politique monétaire allemande. Il exprime également une certaine fascination pour la réussite du « capitalisme rhénan » (Michel Albert) de la part d'une gauche taxée d'incapacité gestionnaire depuis le Cartel des gauches (1924-1926) et le Front populaire (1936-1938). En 1988, la théorie du « ni-ni » (ni nationalisations, ni privatisations) énoncée par le candidat Mitterrand conceptualise cet *aggiornamento* dans la notion d' « économie mixte », présentée comme la garantie d'un équilibre et d'une complémentarité dynamique entre les secteurs privé et public.

● **La modernisation et l'ouverture s'accélèrent avec la dynamique du « Grand Marché » européen.** La conversion du PS au marché et le néo-libéralisme de la droite expliquent une certaine continuité des politiques économiques depuis 1983 : les « années Mitterrand » sont celles de la déréglementation, des privatisations et de la rénovation des marchés financiers. Mais cette adaptation nécessaire ne va pas sans dérapages : la flambée spéculative des années 80 débouche sur un double krach boursier et immobilier ;

l'explosion du crédit conduit au surendettement des agents économiques. On enregistre également un essor sans précédent des investissements à l'étranger (Saint-Gobain, Lafarge) et la recherche d'alliances internationales, mais les délocalisations et la désindustrialisation s'accélèrent. L'Etat encourage la restructuration industrielle et agricole, il soutient les secteurs de pointe (TGV, fusée Ariane, informatique) et la recherche (programme *Eurêka* au niveau européen). Mais son action entretient des polémiques, qu'il s'agisse du travers de la non-rentabilité (Bull) ou des scandales politico-financiers (Péchiney et Société générale).

• **Les « années Mitterrand » voient l'échec des thérapies « socialistes » et « libérales » face à la crise sociale.** Le chômage progresse inexorablement : de 1,8 million à 3,4 millions en quatorze ans (un des plus mauvais résultats du G7). Faute de filières de formation adaptées, les jeunes sont, avec les femmes, les plus touchés ; l'allongement de la durée du chômage va de pair avec l'essor du travail précaire. Dans un contexte de récession, le tissu économique connaît une inquiétante dislocation (naufrage des PME-PMI, développement des « friches industrielles ») due aux **effets pervers du « franc fort »**, qui impose des taux d'intérêt élevés, et de la « désinflation compétitive », qui se traduisent par une substitution accélérée du capital au travail.

Faut-il expliquer ces mauvais résultats par l'échec des politiques libérales ou par le caractère insuffisamment libéral des politiques mises en œuvre dans une France qui reste profondément marquée par la tradition colbertiste ? Quoi qu'il en soit, le traitement social du chômage (le nombre des bénéficiaires du RMI frôle la barre du million au début de 1995) n'empêche pas la progression de la pauvreté et de l'exclusion (la France compte au milieu des années 90 entre 280 000 et 400 000 *Sans domicile fixe*). La charité organisée par l'*Armée du Salut*, les *Restos du Cœur* ou l'abbé Pierre tend à pallier les lacunes de la protection sociale tandis que les déficits sociaux explosent. A l'orée du XXIe siècle, la France traverse une **crise de société sans précédent** marquée par le malaise des banlieues et des jeunes, l'essor de la délinquance et du trafic de drogue, le développement du SIDA, le rejet d'une immigration qui continue à progresser, les problèmes liés à la violence ou au phénomène de l'intégrisme islamique.

En quatorze ans de présidence Mitterrand, la France a connu deux *cohabitations* : la crise précipite l'usure du pouvoir mais elle renforce également le désir de stabilité et de sécurité d'une société désemparée, qui ne parviendrait pas à choisir entre changement et immobilisme. Faut-il voir dans ces expériences inédites une volonté de rééquilibrage des institutions et un signe de maturité politique ou, au contraire, la quête illusoire et nécessairement ambiguë d'une synthèse « française » entre gauche et droite, entre Etat-protecteur et libre-entreprise ?

VII. Les institutions et la vie politique en France depuis 1945

A la Libération, la reconstruction des institutions obéit à une double préoccupation : concilier la nécessaire autorité de l'Etat et le respect des principes républicains pour établir « une démocratie énergique et efficace », selon la formule employée par Léon Blum dans son ouvrage *A l'échelle humaine* paru en 1945. Le parlementarisme rationalisé sera l'instrument de cette volonté de rénovation. Mais deux conceptions s'opposent d'emblée, qui recoupent les deux grandes conceptions de la démocratie moderne telles que les a définies Maurice Duverger : celle des constituants, attachés à la « démocratie médiatisée », et celle du général de Gaulle, partisan de la « démocratie directe », c'est-à-dire un système dans lequel le chef de l'Etat s'appuie directement sur le soutien populaire.

1. La IVᵉ République dégénère rapidement en régime d'assemblée instable

▶ **La Constitution de 1946 procède à une rationalisation inachevée du régime parlementaire.**
• **Elle obéit aux principes fondamentaux du parlementarisme.**
— Elle instaure un **bicaméralisme (deux assemblées) inégalitaire** : l'Assemblée nationale, élue pour cinq ans au suffrage universel, exerce le pouvoir législatif ; elle seule vote les lois, le budget et contrôle le gouvernement. Le Conseil de la République n'est qu'une chambre de réflexion.
— Le **pouvoir exécutif** revient pour l'essentiel au Président du Conseil, dont la fonction est inscrite dans les textes, contrairement

aux lois constitutionnelles de 1875. Le Président de la République, élu pour sept ans par les deux Chambres, ne dispose que de préro- gatives réduites : droit de dissolution, désignation du Président du Conseil, présidence de l'Union française.

• **Elle n'opère qu'un renforcement en trompe-l'œil de l'Exécutif.**

— La Constitution (108 articles) veut garantir majorité et stabi- lité au gouvernement. Pour ce faire, elle prévoit l'investiture par l'Assemblée, à la majorité absolue, du Président du Conseil sur sa personne et sur son programme (d'où l'expression de « contrat de législature ») ; par ailleurs, le contrôle parlementaire (motion de censure et question de confiance) est soumis à la règle de la majo- rité absolue.

— Mais **il n'y a pas de véritable séparation des pouvoirs :** le gou- vernement procède de l'Assemblée dont la souveraineté ne connaît pratiquement aucune limite (elle fixe elle-même son ordre du jour et la durée des sessions), et les ministres demeurent parlementaires. Surtout, le droit de dissolution, contrepartie de la responsabilité gouvernementale devant l'Assemblée, est entravé par une procé- dure complexe et ambiguë (art. 51).

▶ **Cette carence originelle conduit à la toute-puissance des partis et à l'impuissance de l'Exécutif.**

• **Les gouvernements deviennent le jouet des « majorités de ren- contre » et des combinaisons partisanes.**

Il n'existe plus de majorités viables à partir de 1947 en raison de la rupture du Tripartisme et de la permanence d'une double oppo- sition irréductible au régime (PC d'une part ; RPF puis poujadistes d'autre part).

Les « majorités négatives » sont donc les plus faciles à former, d'autant que les sujets de discorde ne manquent pas : laïcité, CED ou... bouilleurs de crus ! Les partis sont mal structurés et indiscipli- nés : les divisions intrapartisanes (clans et factions) s'ajoutent aux oppositions interpartisanes (la solidarité majoritaire ou gouverne- mentale fait défaut, la dispersion des votes est la règle).

Enfin, le régime est affaibli par les effets pervers du scrutin pro- portionnel qui était taillé sur mesure pour le Tripartisme : l'émiet- tement de la représentation (on dénombrera jusqu'à 14 groupes parlementaires !), le poids des partis charnières, la « dictature » des états-majors qui distribuent les investitures concourent aux dys- fonctionnements des institutions.

• **L'instabilité se trouve accrue par les hésitations des Présidents du Conseil.** La pratique de la « double investiture » apparaît dès janvier 1947 (déjà investi personnellement à la majorité absolue, Paul Ramadier sollicite ensuite pour son gouvernement une nouvelle investiture à la majorité simple). Former le gouvernement devient donc plus difficile !

Pratiquées sous la III⁰ République, les interpellations font leur réapparition au Parlement et les gouvernements prennent l'habitude de démissionner suite à un simple vote de défiance à la majorité relative (René Pleven) ou même sans vote (Antoine Pinay).

Enfin, une seule dissolution se produit, en 1955, et est vivement critiquée par les partis. Signe des temps, cependant, l'opinion semble bien l'accepter.

• **La réforme s'avère impossible.** Plusieurs dirigeants la réclament, et Pierre Mendès France propose un retour au scrutin majoritaire. Il échoue cependant et ne peut faire passer que des mesures secondaires (renforcement du Conseil de la République).

La **loi sur les apparentements** (1951) visait à rendre possible des majorités stables : les listes qui s'apparentent emportent tous les sièges d'un département si elles sont majoritaires. Ainsi les partis de centre gauche et de centre droit, capables de s'allier sur des objectifs communs, pourront-ils gouverner ensemble. Mais cette loi est considérée par les Français comme une « combine » permettant aux sortants d'être réélus. D'ailleurs, la loi n'aura pas l'effet escompté, et la Chambre de 1951 n'est pas particulièrement stable.

La IV⁰ République est donc largement discréditée : instabilité (les gouvernements durent en moyenne six mois), crises gouvernementales spectaculaires et longues, paralysie (cf. l'élection de René Coty à la présidence).

2. Avec la V⁰ République triomphe le fait présidentiel et majoritaire

▶ **« Le Président est la clé de voûte des institutions »** (Michel Debré).

• **Malgré la prééminence présidentielle, le régime reste parlementaire.**

— La Constitution de 1958 instaure un **Exécutif bicéphale.** Dans le texte de la loi fondamentale française (92 articles), le Président de la République a désormais préséance sur le Parlement. Il est élu pour sept ans par 80 000 grands électeurs (1958), puis au suffrage universel direct (1962). Ses compétences discrétionnaires ont été considérablement élargies : nomination du Premier ministre (art. 8), initiative référendaire (art. 11), droit de dissolution (art. 12), pouvoirs spéciaux (art. 16). Le Premier ministre, quant à lui, « dirige l'action du gouvernement » (art. 21).

— Le **bicaméralisme inégalitaire** demeure. L'Assemblée nationale, élue pour cinq ans, vote les lois et le budget. Le Sénat, élu par tiers au suffrage indirect pour neuf ans, a des pouvoirs restreints. Le gouvernement, qui « détermine et conduit la politique de la Nation » (art. 20), est responsable devant l'Assemblée (art. 49) : le régime est donc parlementaire.

• **La Constitution de 1958 met en place un édifice « révolutionnaire » par rapport à la tradition française.**

— La **séparation des pouvoirs** est un des piliers du dispositif institutionnel de la Ve République. Principe non inscrit dans la Constitution mais conforme au discours de Bayeux (juin 1946), « le gouvernement procède du chef de l'Etat ». Dans le texte, l'article 23 stipule l'incompatibilité des fonctions ministérielles et parlementaires.

— Contrairement aux constituants de la IVe République, ceux de 1958 ont instauré des **mécanismes de rationalisation** qui permettent une véritable **protection de l'Exécutif.** Comme auparavant, le gouvernement ne peut être renversé par une motion de censure qu'à la majorité absolue, mais le recours à cette procédure est désormais assorti de conditions beaucoup plus contraignantes (art. 49, § 2). Surtout, le gouvernement est doté d'instruments très efficaces pour s'imposer à l'Assemblée : il peut recourir au vote bloqué qui interdit les amendements venant des députés (art. 44, § 3) et faire adopter des textes sans vote s'il engage sa responsabilité à cette occasion et qu'aucune motion de censure n'est déposée dans le délai prévu par la Constitution (art. 49, § 3).

— **La souveraineté parlementaire est considérablement restreinte.** Pour la première fois les constituants ont délimité de façon stricte le domaine de la loi (art. 34 et 37), et les chambres partagent désormais l'initiative législative avec le gouvernement (art. 40 et 41) qui peut légiférer par ordonnances (art. 38). L'Assemblée, qui ne siège plus en permanence (il n'y a plus que deux sessions ordinaire, une de printemps et une d'automne), n'est plus maîtresse de son ordre du jour. Enfin, la procédure des questions au gouvernement remplace l'interpellation.

— La Constitution prévoit des **procédures de démocratie directe** sous forme de référendum pour l'organisation des pouvoirs publics (art. 11) et la révision constitutionnelle (art. 89).

— Enfin, un **Conseil constitutionnel** est créé (titre VII) : selon la formule du politologue Jacques Chapsal, il est à la fois « gardien de la Constitution » et « juge des élections ».

▶ **L'efficacité gouvernementale et la stabilité politique apparaissent comme les acquis essentiels du régime.**

• **La présidentialisation croissante illustre cette évolution.**

— **Le Président seul peut se prévaloir d'une légitimité populaire directe :** il la tire de son mode d'élection et de ses appels réguliers au peuple, qui peuvent prendre la forme sous de Gaulle du « référendum-question de confiance ». Il est le chef naturel de la majorité en raison de la concordance quasi mécanique jusqu'en 1986 des majorités présidentielle et parlementaire. D'où une bipolarisation qui imprime à la vie politique une logique quelque peu manichéenne mais permet également des majorités nettes (efficacité du scrutin majoritaire) et disciplinées.

— **Le chef de l'Etat tend donc à devenir le chef effectif du gouvernement,** qui lui est subordonné. Le Premier ministre est avant tout l' « homme du Président » et ce dernier peut aller jusqu'à choisir des non-parlementaires, comme Georges Pompidou en 1962 ou Raymond Barre en 1976. C'est également un « fusible », révocable à tout moment : tel est le sort réservé à Jacques Chaban-Delmas en 1972 ou à Michel Rocard en 1991. Le Président, qui affirme sa prééminence par le « domaine réservé », impulse les grandes réformes (saisine parlementaire du Conseil constitutionnel en 1974, IVG en 1975, nationalisations en 1981...) et participe à la vie gouvernementale et nationale par ses interventions tous azimuts (choix des ministres, grandes orientations de la politique industrielle, audiovisuel, grands travaux, culture...).

• **Sur la durée, les institutions ont démontré une étonnante capacité d'adaptation.**

— **Le parlementarisme rationalisé fonctionne et assure la stabilité :** en trente-cinq ans, une seule motion de censure a été adoptée (1962) et quatre dissolutions ont été prononcées (1962, 1968, 1981, 1988). Le dispositif institutionnel (l'art. 49, § 3 notamment) permet de gouverner avec une majorité divisée (Raymond Barre) ou même relative (Michel Rocard, Edith Cresson, Pierre Bérégovoy).

La prééminence de l'Exécutif est telle que l'on peut déplorer une certaine marginalisation du Législatif, dont le résultat est un amoindrissement de sa capacité de contrôle sur le gouvernement. Les parlementaires (à l'instar du RPR Philippe Séguin, élu président de l'Assemblée nationale en 1993) et les candidats à l'élection présidentielle de 1995 évoquent la nécessaire « revalorisation » du rôle des Assemblées. Tel est le sens profond de la révision constitutionnelle de juillet 1995 qui institue une session unique de neuf mois, tout en élargissant par ailleurs le champ du référendum.

— **La souplesse de la Constitution a été révélée à deux reprises par la** *cohabitation.* La coexistence entre un président et un gouvernement n'appartenant pas au même camp politique a certes engendré d'inévitables tensions, plus aiguës toutefois entre 1986 et 1988 (conflit entre l'Elysée et Matignon à propos du refus de François Mitterrand de signer les ordonnances que lui présentait le gouvernement) qu'entre 1993 et 1995.

Dans un cas comme dans l'autre, le gouvernement a cependant disposé des moyens de gouverner. Ces deux expériences inédites ont façonné une nouvelle pratique des institutions. Il peut désormais exister « une dyarchie au sommet », exprimant deux légitimités issues du suffrage universel : celle du Président et celle du gouvernement. Cette situation instaure un **Exécutif « à géométrie variable »** : lorsque la majorité présidentielle coïncide avec la majorité parlementaire, le chef de l'Etat peut se comporter en chef de gouvernement effectif ; lorsque cette condition n'est plus remplie, il redevient l'arbitre prévu par l'article 5 de la Constitution et se replie sur le « domaine réservé » que lui a octroyé la pratique politique des institutions (diplomatie, défense). Le Premier ministre et le gouvernement qu'il est appelé à nommer dans ce cas de figure ne peuvent qu'être fidèlement représentatifs de la majorité parlementaire (sous peine de censure) et exercent pleinement les attributions qui leur sont reconnues par les articles 20 et 21 du texte de 1958.

En un peu moins de quarante ans, **deux grandes lectures de la Constitution** se sont ainsi imposées : une lecture « présidentielle » (1958-1986, 1988-1993) et une lecture « parlementaire » (1986-1988, 1993-1995).

Contrairement à la IVe République, la Ve a su enraciner une forme de gouvernement répondant aux attentes d'une société moderne. Cependant, il n'y a pas de rupture fondamentale entre les deux régimes qui puisent aux mêmes sources de la souveraineté populaire et des principes républicains et intègrent le souci de justice sociale hérité du CNR : le Préambule de la Constitution de 1946 est le socle du « Bloc de constitutionnalité » sur lequel repose la Vᵉ République. Cette continuité a été soulignée par le général de Gaulle lui-même, qui affirmait en parlant du régime de 1958 : « Je n'ai pas fondé une nouvelle République, j'ai simplement donné des fondations à la République qui n'en avait jamais eues. »

Annexe 1

Les chefs d'Etat et de gouvernement en France depuis la guerre

Etat français (1940-1944)

Chef de l'Etat français et Président du Conseil Philippe Pétain (1940-1944)

Gouvernement provisoire de la République française (1944-1947)

- Charles de Gaulle (juin-septembre 1944)
- Charles de Gaulle (septembre 1944-novembre 1945)
- Charles de Gaulle (novembre 1945-janvier 1946)
- Félix Gouin (janvier-juin 1946)
- Georges Bidault (juin-novembre 1946)
- Léon Blum (décembre 1946-janvier 1947)

IVᵉ République (1947-1959)

Président de la République Vincent Auriol (janvier 1947-janvier 1954)

Présidents du Conseil :

- Paul Ramadier (janvier-novembre 1947)
- Robert Schuman (novembre 1947-juillet 1948)
- André Marie (juillet-août 1948)
- Robert Schuman (5-7 septembre 1948)
- Henri Queuille (septembre 1948-octobre 1949)
- Georges Bidault (octobre 1949-juin 1950)
- Henri Queuille (2-4 juillet 1950)
- René Pleven (juillet 1950-février 1951)
- Henri Queuille (mars-juillet 1951)
- René Pleven (août 1951-janvier 1952)

- Edgar Faure (janvier-février 1952)
- Antoine Pinay (mars-décembre 1952)
- René Mayer (janvier-mai 1953)
- Joseph Laniel (juin 1953-juin 1954)

Président de la République René Coty (janvier 1954-janvier 1959)

Présidents du Conseil :

- Pierre Mendès France (juin 1954-février 1955)
- Edgar Faure (février 1955-janvier 1956)
- Guy Mollet (février 1956-mai 1957)
- Maurice Bourgès-Maunoury (juin-septembre 1957)
- Félix Gaillard (novembre 1957-avril 1958)
- Pierre Pflimlin (14-28 mai 1958)
- Charles de Gaulle (juin 1958-janvier 1959)

Ve République (1959-   )

Président de la République Charles de Gaulle (janvier 1959-avril 1969)

Premiers ministres :

- Michel Debré (janvier 1959-avril 1962)
- Georges Pompidou (avril 1962-juillet 1968)
- Maurice Couve de Murville (juillet 1968-juin 1969)

Président de la République par intérim Alain Poher (avril-juin 1969)

Président de la République Georges Pompidou (juin 1969-avril 1974)

Premiers ministres :

- Jacques Chaban-Delmas (juin 1969-juillet 1972)
- Pierre Messmer (juillet 1972-mai 1974)

Président de la République par intérim Alain Poher (avril-mai 1974)

Président de la République Valéry Giscard d'Estaing (mai 1974-mai 1981)

Premiers ministres :

- Jacques Chirac (mai 1974-août 1976)
- Raymond Barre (août 1976-mai 1981)

Président de la République François Mitterrand (mai 1981-mai 1988)

Premiers ministres :

- Pierre Mauroy (mai 1981-juillet 1984)
- Laurent Fabius (juillet 1984-mars 1986)
- Jacques Chirac (mars 1986-mai 1988)

Président de la République François Mitterrand (mai 1988-mai 1995)

Premiers ministres :

- Michel Rocard (mai 1988-mai 1991)
- Edith Cresson (mai 1991-avril 1992)
- Pierre Bérégovoy (avril 1992-mars 1993)
- Edouard Balladur (avril 1993-mai 1995)

Président de la République Jacques Chirac (mai 1995-   )

Premier ministre :

- Alain Juppé (mai 1995-   )

Annexe 2

Les Présidents de la République depuis 1945

Vincent Auriol (1884-1966). Originaire de Haute-Garonne, fils de boulanger, avocat proche de Jaurès et membre de la SFIO, il est élu député pour la première fois en 1914. Pendant le Front populaire, il est ministre des Finances de Blum et ministre de la Justice de Chautemps. En juillet 1940, il fait partie des 80 parlementaires qui refusent de voter les pleins pouvoirs au maréchal Pétain. Résistant, il siège à l'Assemblée consultative d'Alger et préside les deux assemblées constituantes à la Libération. Soutenu par la SFIO et le PCF, Auriol est facilement élu premier président de la IVe République par le Congrès en janvier 1947.

Durant son septennat, il se comporte en arbitre actif : il soutient Ramadier lors de la révocation des ministres communistes qui met fin au Tripartisme en mai 1947 ; il est l'initiateur de l'appel à Antoine Pinay en mars 1952. Dans le *Journal du Septennat*, il porte un regard aiguisé sur les institutions et le personnel politique de la IVe République.

René Coty (1882-1962). Appartenant à la bourgeoisie normande, c'est un homme de la droite modérée. Député en 1931 puis sénateur en 1935, il représente la Seine-Inférieure. Bien qu'ayant voté les pleins pouvoirs à

Pétain en juillet 1940, il est ministre de la Reconstruction en 1947-1948 après la rupture du Tripartisme. Les circonstances de son élection à la présidence de la République en décembre 1953, après sept jours de tractations et treize tours de scrutin, illustrent l'impasse des institutions et accélèrent le discrédit du régime. Les partis ont fini par s'accorder sur cette personnalité, « indépendante » mais assez effacée, présentant « l'avantage » de ne s'être pas prononcée sur la CED tout en y étant favorable... Il se conforme scrupuleusement à la tradition républicaine en appelant Guy Mollet au lieu de Pierre Mendès France pour former le gouvernement en janvier 1956, mais sort de son rôle de simple arbitre lors de la crise du 13 mai 1958 en menaçant de démissionner si l'Assemblée n'investit pas « le plus illustre des Français » (de Gaulle).

Charles de Gaulle (1890-1970). Issu d'une famille de la bourgeoisie lilloise, fils d'un professeur d'histoire, élève du Collège Stanislas, il sert sous les ordres du colonel Pétain au 33e régiment d'infanterie à sa sortie de Saint-Cyr. Il participe à la Première Guerre mondiale durant laquelle il est blessé et fait prisonnier à Douaumont en 1916. Malgré plusieurs tentatives d'évasions (avec le futur maréchal Toukhatchevsky notamment), il reste en captivité à Ingolstadt jusqu'à la fin du conflit.

Un temps protégé du maréchal Pétain avant qu'ils ne se brouillent, sa carrière est celle d'un officier d'état-major (commandement au Levant, Conseil supérieur de la Défense nationale). Il se signale durant les années 30 par ses positions anticonformistes en faveur de la modernisation de l'Armée : *Le Fil de l'épée* (1932), *Vers l'Armée de métier* (1934). Théoricien de l'arme blindée, il ne parvient pas à convertir ses pairs à la « guerre de mouvement » reposant sur l'utilisation d'unités mécanisées et de l'aviation. Il participe aux combats de la campagne de France et est promu général (23 mai 1940). Le 6 juin 1940, Paul Reynaud le nomme sous-secrétaire d'Etat à la Guerre. Refusant l'armistice, il gagne Londres où il exhorte les Français à résister à l'ennemi dans son *Appel du 18 juin*. Sa reconnaissance par Churchill comme chef des « Français libres » fait de lui un pôle de rassemblement et un symbole pour la Résistance.

Chef du GPRF de 1944 à 1946, le général de Gaulle restaure l'autorité de l'Etat mais se heurte aux partis sur la question des institutions qu'il combat avec le RPF, créé en avril 1947, avant de connaître sa « traversée du désert » (1952-1958). Il est ramené au pouvoir en mai-juin 1958 par les événements d'Algérie. L'avènement de la Ve République marque le triomphe des idées de Charles de Gaulle quant au régime et au « rang » de la France. Mis en échec au référendum d'avril 1969, il démissionne et meurt l'année suivante. Par la rédaction de ses *Mémoires*, il a entrepris de léguer « une certaine idée de la France ».

Georges Pompidou (1911-1974). Cet Auvergnat, fils d'instituteur, agrégé de Lettres, est professeur lorsqu'il est appelé en 1944 au Cabinet du général de Gaulle alors en quête d' « un normalien sachant écrire ». Après la démission du Général, il entre à la Banque Rothschild comme fondé de pouvoirs puis devient directeur général. Il est le plus proche collaborateur de Charles de Gaulle de juin 1958 à janvier 1959, mais il refuse alors le ministère des Finances et retourne à la Banque.

Pompidou est nommé Premier ministre en avril 1962 en remplacement de Michel Debré alors qu'il n'est pas parlementaire. Il s'affirme comme le chef de file de la majorité qu'il conduit trois fois à la victoire aux élections législatives (1962, 1967, 1968). Il gère la crise de Mai 68 (il négocie notamment avec la CGT les *accords de Grenelle*) et apparaît comme le « dauphin » du général de Gaulle : placé « en réserve de la République », il lui succède facilement en juin 1969.

Pompidou profite des dernières années des « Trente Glorieuses » pour accélérer la modernisation industrielle, relancer la construction européenne et approfondir la régionalisation. Il accentue la présidentialisation du régime mais les initiatives sociales (comme la *Nouvelle Société* de Jacques Chaban-Delmas) et politiques (référendum de 1972 et quinquennat) tournent court. Il meurt en avril 1974 des suites d'une longue maladie sans successeur désigné.

Valéry Giscard d'Estaing (1926-   ). Appartenant à la bourgeoisie d'affaires, il s'engage dans l'Armée en 1944 et participe aux combats de libération du territoire. Polytechnicien, énarque et inspecteur des Finances, il incarne le modèle des élites techniciennes qui parviennent au pouvoir sous la Ve République.

En 1958, il succède à son grand-père Jacques Bardoux, proche d'Antoine Pinay, et devient député CNIP du Puy-de-Dôme. Lors des législatives de 1962, il se rallie au général de Gaulle entre les deux tours en créant les Républicains-Indépendants : il devient ministre de l'Economie et des Finances jusqu'en 1967. Au référendum d'avril 1969, il contribue à l'échec du Général en optant pour un « Oui, mais ». Il retrouve la rue de Rivoli sous Georges Pompidou auquel il succède en 1974 après une campagne résolument moderne et grâce à l'appui des gaullistes dissidents emmenés par Jacques Chirac. Le « libéralisme avancé » et la « décrispation » ne résistent pas à la crise économique et sociale (deux chocs pétroliers) et à la fronde du RPR après 1976. VGE, victime à son tour de « l'exercice solitaire du pouvoir », est nettement battu par François Mitterrand en mai 1981. Après une période de retrait, il devient député européen puis retrouve son siège au Palais-Bourbon. Président du Conseil régional d'Auvergne, il est aujourd'hui président de l'UDF qu'il a créée en 1978.

Son idée maîtresse reste qu'une France européenne et moderne « aspire à être gouvernée au centre », thèse que développent ses ouvrages *Démocratie française* et *Deux Français sur Trois.*

François Mitterrand (1916-   ). Né à Jarnac dans une famille de la bourgeoisie charentaise, il est avocat de formation et diplômé de l'Ecole libre des Sciences politiques (Section générale, 1937).

François Mitterrand « monte à Paris » en 1934 et loge au foyer de la

Réunion des étudiants tenu par les Pères maristes au 104, rue de Vaugirard. En 1935, il participe aux manifestations organisées par l'*Action française* et adhère aux *Volontaires nationaux,* organisation liée aux *Croix de Feu* du colonel de La Rocque. François Mitterrand fait son service militaire à partir de septembre 1938 : il est sergent-chef lorsque la guerre éclate. Blessé et fait prisonnier en mai 1940 près de Verdun, il s'évade en décembre 1941 après deux tentatives ratées. Il se rend alors à Vichy où il travaille à la Légion des Combattants (janvier-avril 1942) puis au Commissariat au reclassement des prisonniers de guerre à partir de juin 1942 : il fournit alors des faux papiers aux prisonniers évadés et paraît ainsi proche des milieux, souvent issus de l'extrême droite et anti-allemands, qui s'efforcent à Vichy de préparer un éventuel retour dans le conflit de la France. Ayant démissionné en janvier 1943, François Mitterrand s'engage activement dans la Résistance ; il est pourtant décoré de la Francisque au printemps. Sous le pseudonyme de Morland, il se rend à l'automne 1943 à Londres puis à Alger : il est reçu par le général de Gaulle mais paraît à cette époque plus proche du général Giraud. Rentré en France en février 1944, François Mitterrand participe aux combats pour la libération de Paris.

En 1946, il rejoint l'UDSR, formation de centre droit qui s'affirme comme un « parti charnière » dans toutes les combinaisons ministérielles de la IVe République. En novembre 1946, il est élu député de la Nièvre puis conseiller général de ce département en mars 1949. Dès janvier 1947 (à 31 ans), il devient ministre des Anciens combattants dans le gouvernement Ramadier. A dix autres reprises, il se verra confier divers portefeuilles dans les cabinets Schuman, Marie, Queuille, Laniel, Mendès France, Faure ou Mollet. Ministre de l'Intérieur en 1954, il est d'abord partisan de la fermeté face au FLN, puis prend ses distances avec la politique algérienne de Guy Mollet dont il est ministre de la Justice en 1956.

Hostile au général de Gaulle et à la Ve République, François Mitterrand est battu aux législatives de 1958 mais retrouve un siège au Sénat en avril 1959. Un mois plus tôt, il était devenu maire de Château-Chinon et le restera jusqu'en mai 1981. Il fait campagne avec le « Cartel des Non » en 1962 et revient au Palais-Bourbon où il sera réélu en 1967, 1968, 1973 et 1978. Il dénonce le *Coup d'Etat permanent* (ouvrage publié en 1964) et accède au second tour de la présidentielle en 1965. Il s'emploie avec la Convention des Institutions républicaines puis la Fédération de la gauche démocrate et socialiste à rebâtir la gauche, qui échoue sur le fil aux législatives de 1967. François Mitterrand ne parvient pas à exploiter les événements de Mai 68 mais développe sa stratégie de rééquilibrage et d'Union de la Gauche en prenant le contrôle du Nouveau parti socialiste au *Congrès d'Epinay* (11-13 juin 1971). Il signe le *Programme commun de gouvernement* avec le PCF (1972) puis le Mouvement des radicaux de gauche, mais échoue de très peu à la présidentielle de 1974. Le PS et la gauche poursuivent néanmoins leur poussée, malgré la rupture du Programme commun en 1977. La courte défaite aux législatives de 1978 nourrit la contestation au sein du PS (Michel Rocard) que François Mitterrand reprend en main lors du *congrès de Metz* (1979). Le 10 mai 1981, il est élu Président de la République et confortablement réélu contre Jacques Chirac le 8 mai 1988.

Sa longue carrière politique montre une capacité peu commune à « rebondir » (deux échecs aux présidentielles, deux « cohabitations ») et à se sortir de bien des « affaires » depuis celle des fuites en 1954 ou celle de l'*Observatoire* en 1959. Pourtant, les révélations sur les rapports de François Mitterrand avec le régime de Vichy et l'extrême droite (1994) viennent jeter le trouble parmi les partisans d'un Président dont la personnalité apparaît extraordinairement complexe et déroutante. Surnommé « le Florentin » sous la IVe République, il a une excellente connaissance de la carte électorale et une maîtrise machiavélienne des hommes et du jeu politique. C'est également un homme de plume qui a publié de nombreux ouvrages : *Ma part de vérité* (1969), *La paille et le grain* (1975), *L'abeille et l'architecte* (1978)...

Jacques Chirac (1932-   ). Le cinquième Président de la Ve République est né à Paris et a grandi dans un milieu bourgeois, mais il est fortement marqué par ses racines familiales, rurales et modestes. Ses quatre grands-parents sont des instituteurs radicaux de Corrèze. Son père a débuté comme simple employé de banque avant de se hisser à la direction du groupe aéronautique Potez.

Jacques Chirac se considère lui-même comme le continuateur de cette réussite exemplaire de la IIIe République radicale et laïque. Diplômé de Sciences Po en 1954, il réussit l'année suivante le concours d'entrée à l'ENA. A cette époque il est classé « communiste » par les services de police, car il a signé l'*Appel de Stockholm* en 1950. Cette réputation lui vaudra quelques démêlés avec l'Armée pendant son service militaire.

Appelé sous les drapeaux en 1955, il opte pour la cavalerie et sort major de l'Ecole d'application de Saumur. En avril 1956, le sous-lieutenant Chirac est envoyé en Algérie, dont il souhaite alors le maintien dans le giron français. Séduit par la vie militaire, il envisage de s'engager mais rentre finalement en métropole pour intégrer l'ENA (1957) : il sort 16e de la *Promotion Vauban* en 1959.

Après un passage à la Cour des Comptes, il entre en 1962 au Secrétariat général du gouvernement et rejoint la même année le cabinet du Premier ministre, Georges Pompidou, avec lequel il se lie d'une véritable amitié. C'est à la demande de ce dernier que Jacques Chirac se présente aux élections législatives de mars 1967 en Corrèze, un des bastions du « Limousin rouge » : il est élu député de la circonscription d'Ussel, enlevée au terme d'une campagne de terrain menée à la hussarde. Cette performance est récompensée par un secrétariat d'Etat aux Affaires sociales : Jacques Chirac crée l'ANPE et le système d'assurance chômage. Pendant Mai 68, il négocie aux côtés de Georges Pompidou les *accords de Grenelle* avec la CGT.

Après les législatives de juin, Jacques Chirac devient secrétaire d'Etat au Budget. Responsable financier de la campagne présidentielle de Georges Pompidou (1969), il retrouve la rue de Rivoli avec des prérogatives élargies mais est placé sous la tutelle de Valéry Giscard d'Estaing, nommé ministre des Finances par Jacques Chaban-Delmas. Il renforce alors son fief de Corrèze en devenant président du Conseil général (1970). Après un essai peu concluant comme ministre délégué chargé des Relations avec le Parlement (1971), il est nommé à l'Agriculture en 1972 puis à l'Intérieur au début de 1974. Il met à profit cette position stratégique pour favoriser l'élection de Valéry Giscard d'Estaing au printemps suivant : entraînant avec lui une fraction des élus gaullistes, il se prononce pour ce dernier dans l'*Appel des 43,* qui « torpille » la candidature de Jacques Chaban-Delmas.

Jacques Chirac est nommé Premier ministre le 24 mai 1974 puis Secrétaire général de l'UDR le 14 décembre. En désaccord avec VGE, il démissionne avec fracas le 25 août 1976. Il rénove alors le mouvement gaulliste en créant le *Rassemblement pour la République,* le 5 décembre suivant. Une véritable « guerre froide » oppose alors le RPR au Président de la République. En mars 1977, Jacques Chirac est élu maire de Paris contre Michel d'Ornano, un proche de VGE. En décembre 1978, il attaque le chef de l'Etat dans l'*Appel de Cochin* puis se présente à l'élection présidentielle de 1981 : il est battu au premier tour mais contribue par sa candidature à la défaite de Giscard.

Brillamment réélu maire de Paris en 1983 et en 1989, il redevient Premier ministre en mars 1986 à la faveur de la cohabitation. Il mène une politique néo-libérale qui remporte d'indéniables succès mais suscite également de fortes oppositions. Victime des maladresses du gouvernement et des divisions de la droite, refusant toute alliance avec le Front national, Jacques Chirac est sévèrement battu par François Mitterrand. Ce nouvel échec introduit une contestation quasi permanente au sein du RPR. Après la victoire de la droite parlementaire aux élections législatives de mars 1993, Jacques Chirac choisit de ne pas affronter une seconde cohabitation afin de mieux préparer l'échéance présidentielle de 1995. Il laisse Matignon à son principal lieutenant, Edouard Balladur, dont il juge la loyauté sans faille.

Meurtri par sa rupture avec le Premier ministre, qui s'affirme bientôt comme un rival, marginalisé par la multiplication des défections et longtemps malmené dans les sondages, Jacques Chirac s'impose progressivement dans l'opinion par son discours volontariste sur la nécessaire reconstruction du « Pacte républicain » et l'impératif du changement pour venir à bout du chômage et de l'exclusion.

Devancé par le socialiste Lionel Jospin au premier tour, il l'emporte confortablement au second avec 52,63 % des voix. Malgré le ton volontiers gaullien adopté pendant la campagne, c'est avant tout un héritier fidèle de Georges Pompidou qui entre à l'Elysée en mai 1995.

Annexe 3

Biographies

Raymond Barre (1924-   ). Né à la Réunion, professeur d'économie à l'IEP de Paris, l'ancien Premier ministre de Valéry Giscard d'Estaing est d'abord un « expert » qui fut directeur de cabinet de Jean-Marcel Jeanneney, ministre de l'Industrie du général de Gaulle (1959-1962) puis membre de la Commission européenne (1967-1972). Nommé à Matignon en août 1976, il mène une politique d'austérité qui vise à restaurer les grands équilibres mais contribue à son impopularité. Après la défaite de VGE en 1981, il poursuit sa carrière politique comme député du Rhône sous l'étiquette UDF. Battu au premier tour de l'élection présidentielle de 1988, il devient maire de Lyon en 1995. De tempérament gaullien et indépendant d'esprit, Raymond Barre apparaît comme un libéral et un européen convaincu.

Pierre Bérégovoy (1925-1993). Fils d'immigrés ukrainiens, titulaire d'un CAP d'ajusteur-fraiseur, cet autodidacte entre à 16 ans à la SNCF et participe à la « Bataille du rail » dans la Résistance. Embauché à Gaz de France en 1950, il milite à la SFIO. Disciple de Pierre Mendès France, il rejoint la Deuxième Gauche dans les années 60 avant de devenir conseiller de François Mitterrand lors du Congrès d'Epinay en 1971. Pierre Bérégovoy négocie l'Union de la Gauche avec le PC et devient Secrétaire général de la présidence de la République en 1981. Il est ensuite ministre des Affaires sociales (1982-1984) puis ministre de l'Economie et des Finances (1984-1986, 1988-1992) avant de devenir Premier ministre en 1992. En dix ans, il réconcilie les socialistes avec l'économie de marché et s'affirme comme le « Pinay de gauche », apôtre de la « désinflation compétitive » et du « franc fort ». Affaibli par la poussée du chômage et touché personnellement par les affaires politico-financières, Pierre Bérégovoy se suicide à Nevers dont il était le député-maire le 1er mai 1993, au lendemain de la déroute de la gauche aux législatives.

Jacques Chaban-Delmas (1915-   ). Inspecteur des Finances, Jacques Delmas entre dans la Résistance dès 1940 sous le pseudonyme de Chaban et participe à la libération de Paris avec le grade de général avant de devenir ministre du GPRF (1945-1946). Ce « Baron du gaullisme » a d'abord été élu député radical-socialiste de la Gironde en 1946 puis maire RPF de Bordeaux en 1947 : il le demeurera jusqu'à sa retraite politique en 1995. Président des Républicains sociaux à partir de 1953, il est plusieurs fois ministre sous la IVe République. Ardent défenseur des institutions de la Ve République (il forge le concept de « domaine réservé » en 1959), Jacques Chaban-Delmas est président de l'Assemblée nationale de 1958 à 1969, date à laquelle il est nommé Premier ministre par Georges Pompidou. Gaulliste social et moderniste, il met en œuvre le programme de *Nouvelle Société* dont le réformisme indispose le président, qui le renvoie en 1972. Après son échec au premier tour de la présidentielle en 1974, Jacques Chaban-Delmas est marginalisé au sein du mouvement gaulliste dominé par Jacques Chirac. Il est à nouveau président de l'Assemblée nationale de 1978 à 1981 puis de 1986 à 1988.

Michel Debré (1912-   ). Conseiller d'Etat, le « père » de la Constitution de 1958 participe à la campagne de France en 1940 puis s'engage dans la Résistance. Commissaire de la République à Angers (1944-1945), il est ensuite à l'origine de la création de l'ENA (1945). Membre du RPF dès 1947, Michel Debré est sénateur d'Indre-et-Loire de 1948 à 1958. Membre du Comité constitutionnel, ministre de la Justice du général de Gaulle en 1958, il devient Premier ministre en janvier 1959. Représentant d'une droite néo-colbertiste et moderniste, il réhabilite la planification. Favorable à l'Algérie française, il se soumet par fidélité au général à l'option de l'indépendance. Remplacé dès avril 1962 par Georges Pompidou, Michel Debré est élu député de la Réunion (1963) puis maire d'Amboise (1966). Il revient ensuite au gouvernement où il occupe successivement les portefeuilles de l'Economie et des Finances (1966-1968), des Affaires étrangères (1968-1969) puis de la Défense (1969-1973). En désaccord avec Jacques Chirac, il se présente à l'élection présidentielle de 1981 mais ne recueille que 1,64 % des voix.

Jacques Delors (1925-   ). Fonctionnaire et syndicaliste, il incarne le courant social-chrétien au sein de la Deuxième Gauche et s'affirme dans les années 60 comme une des têtes pensantes de la CFDT. Conseiller de Jacques Chaban-Delmas, Jacques Delors est un des pères de la Nouvelle Société et de la politique contractuelle. Il adhère au PS en 1974 et devient ministre de l'Economie et des Finances de Pierre Mauroy en 1981. Il obtient la mise en œuvre d'une politique de rigueur et le maintien du franc dans le SME lors de la crise financière de 1982-1983. Il préside ensuite la Commission de Bruxelles de 1985 à 1994 où il relance la construction européenne (Acte unique, traité de Maastricht, réforme de la PAC). Esprit indépendant à la rigueur intellectuelle reconnue, souvent taxé de rigidité voire d'autoritarisme, ce social-démocrate a paradoxalement contribué à construire une Europe d'inspiration plus libérale que sociale.

Edgar Faure (1908-1988). Avocat, procureur général-adjoint au procès de Nuremberg en 1945, Edgar Faure est élu député radical du Jura de 1946 à 1958 puis du Doubs de 1967 à 1978. Entre-temps, il a représenté le Jura au Sénat de 1959 à 1966. Incarnant les combinaisons de la IVe République qu'il qualifie de « majorités d'idées », il est successivement ministre du Budget (1949-1951), de la Justice (1951) et des Finances (1952 puis 1953-1955). Il devient président du Conseil en 1952 avant de succéder à Matignon à son rival radical Pierre Mendès France en février 1955. Fait sans précédent depuis 1877, il dissout l'Assemblée nationale mais la victoire du Front républicain en 1956 l'écarte du pouvoir. Son ralliement à la Ve République lui permet de redevenir ministre : de l'Agriculture en 1966, de l'Education nationale après Mai 68 puis des Affaires sociales en 1972-1973. Président de l'Assemblée nationale de 1973 à 1978, il est réélu député du Doubs sous l'étiquette RPR en 1978. Esprit brillant et pétillant d'humour, homme de lettres (biographies, romans policiers, chansons), Egdar Faure est membre de l'Académie française.

Guy Mollet (1905-1975). Né l'année même de la création de la SFIO, issu d'une famille modeste, il devient très jeune militant socialiste et syndicaliste. Professeur d'anglais, il participe activement à la Résistance. Elu député en 1945, maire d'Arras, Guy Mollet s'appuie sur la puissante fédération du Nord - Pas-de-Calais pour remplacer Daniel Mayer à la tête de la SFIO en 1946. Il est alors partisan de l'union organique avec le PCF. De février 1956 à mai 1957, il est le chef du plus long gouvernement de la IVᵉ République. Guy Mollet est l'artisan d'une politique de réformes sociales et signe le traité de Rome. Outre-mer, il poursuit la décolonisation du Maroc et de la Tunisie et engage celle de l'Afrique noire (loi-cadre Defferre). Mais il subit un grave échec politique lors de l'opération de Suez et poursuit l'escalade en Algérie, où il engage le contingent. En mai 1958, il finit par se rallier au général de Gaulle, dont il devient ministre d'Etat. Il participe à l'élaboration de la Constitution avant de rejoindre l'opposition. Guy Mollet participe à la création de la FGDS en 1965, mais il maintient la SFIO dans l'immobilisme pour en conserver le contrôle. En 1969, il doit en abandonner le secrétariat général lorsqu'elle se transforme en Nouveau Parti socialiste.

Jean Monnet (1888-1979). Charentais, fils d'un négociant de Cognac, ce chef d'entreprise a une conscience aiguë de l'importance des échanges internationaux. Durant la Première Guerre mondiale, il participe à de nombreuses missions commerciales et diplomatiques auprès des Anglo-Saxons. Elles lui permettent de faire remarquer ses talents d'organisateur, qui lui vaudront ensuite de devenir Secrétaire général adjoint de la SDN à sa création. Dès 1940, il retourne aux Etats-Unis où il participe à l'élaboration du *Victory Program*. D'abord partisan du général Giraud, membre du CFLN en 1943, Jean Monnet se rapproche progressivement de de Gaulle qui se charge de faire reconnaître la France libre par Roosevelt. Nommé ministre du Commerce du GPRF en 1944, il devient Commissaire général au Plan le 3 janvier 1946 et élabore le « Plan Monnet » (1947-1952). Européen convaincu et atlantiste, il est, en 1950, le rédacteur du *mémorandum Schuman* proposant la création de la CECA et l'instigateur du projet de CED. Jean Monnet est le premier président de la Haute Autorité de la CECA de 1952 à 1955, date à laquelle il crée le *Comité pour les Etats-Unis d'Europe*. Il inspire à Valéry Giscard d'Estaing la création du Conseil européen en 1974.

Antoine Pinay (1891-1994). Issu de la petite bourgeoisie provinciale, ce chef d'entreprise a fait toute sa carrière politique dans la Loire. Maire de Saint-Chamond de 1929 à 1977, il est élu conseiller général en 1934 et préside l'assemblée départementale de 1948 à 1979. En 1936, il est élu député

contre le candidat communiste du Front populaire avant de devenir sénateur en 1938 : en 1940, il vote les pleins pouvoirs au maréchal Pétain qui le
nomme au Conseil national à Vichy en 1941. Antoine Pinay redevient
député en 1946 et entame une carrière ministérielle sous la IVe République : il est secrétaire d'Etat aux Affaires économiques (1948) puis
ministre des Travaux publics (1950-1952). Sa nomination à la présidence du
Conseil en février 1952 consacre le retour de la droite aux affaires : il rétablit la confiance et se forge une image de « nouveau Poincaré » en cassant
l'inflation et en lançant le célèbre emprunt à 3,5 % indexé sur l'or. Bien
qu'il soit amené à démissionner dès décembre 1952, le « mythe Pinay » est
né : « l'homme au chapeau rond » sait jouer de son image de Français
moyen et séduit la France profonde par son « parler vrai ». Quoique président du CNIP à partir de 1953, il s'illustre par une indépendance d'esprit
qui le place au-dessus des « combines politiciennes ». Nommé ministre de
l'Economie et des Finances par le général de Gaulle dès 1958, Antoine
Pinay assainit les finances publiques et met en place le Nouveau Franc avec
Jacques Rueff avant de démissionner en janvier 1960. Ephémère médiateur
(1973-1974), il se retire totalement de la vie publique à la fin des années 70.
Incarnant la sagesse et le bon sens, il est régulièrement consulté par les responsables de tout bord jusqu'à sa mort.

René Pleven (1901-1993). Juriste, ce démocrate-chrétien rejoint le général de Gaulle dès juillet 1940. Membre du GPRF, il coprésidе la Conférence
de Brazzaville avec Félix Eboué en janvier-février 1944. D'abord hostile à
la IVe République, il s'y rallie rapidement. Membre fondateur et président
de l'UDSR jusqu'en novembre 1952, date à laquelle il cède la place à son
rival François Mitterrand, René Pleven se bâtit un fief dans les Côtes-du-
Nord dont il est député (1945-1969) et président du Conseil général (1948-
1976). Atlantiste et européen convaincu, pilier de la Troisième Force, il est
de nombreuses fois ministre et deux fois président du Conseil (juillet 1950-
février 1951 puis août 1951-janvier 1952). Il lance en 1950 le projet de CED
qui déchire les partis et l'opinion jusqu'à son rejet définitif en 1954. Sous la
Ve République, René Pleven préside le groupe libéral à l'Assemblée européenne (1958-1969) puis devient ministre de la Justice (1969-1973).

Pierre Poujade (1920-1993). Ce petit papetier de Saint-Céré (Lot) fonde
en juillet 1953, l'UDCA qui s'oppose par la force aux contrôles fiscaux.
Défenseur des « petits » contre les « gros », les fonctionnaires et les élites
parisiennes, il passe progressivement de la défense corporatiste à l'antiparlementarisme et à la xénophobie. Tribun populiste, il fait campagne sur les
thèmes « Tous pourris ! » et « Sortez les sortants ! » lors des élections législatives de 1956 : sa liste obtient près de 12 % des voix et 53 élus. Invalidé,
Pierre Poujade ne parvient pas à retrouver son siège en 1957. Hostile à la
Ve République jusqu'en 1966, il soutient les partisans de l'Algérie française
(1960-1962). En 1981, il appelle à voter pour François Mitterrand qui le
nomme ensuite au Conseil économique et social.

Henri Queuille (1884-1970). Ce médecin membre du Parti radical apparaît comme un notable provincial typique de la IIIe République. Maire d'Ussel dès 1912, il représente la Corrèze au Parlement de 1914 à 1958. Henri Queuille est ministres à neuf reprises dans l'entre-deux-guerres, dont cinq fois à l'Agriculture. S'étant abstenu lors du vote des pleins pouvoirs au maréchal Pétain en juillet 1940, il est déchu de ses fonctions et rejoint de Gaulle à Londres en avril 1943. Vice-président du GPRF, il redevient député à la Libération et participe à toutes les combinaisons de la Troisième Force. Entre 1948 et 1953, le « Dr Queuille » est cinq fois ministre et trois fois Président du Conseil : il détient le record de longévité de la IVe République à Matignon (un an, sept mois et dix-huit jours au total). Marginalisé au sein du Parti radical par Pierre Mendès France et affaibli par le maladie, il se retire progressivement de la vie politique après 1958.

Robert Schuman (1886-1963). Né de parents lorrains établis au Luxembourg, il fait son droit en Allemagne avant la Première Guerre mondiale. Député de la Moselle à partir de 1919, proche de Paul Reynaud, il vote les pleins pouvoirs au maréchal Pétain le 10 juillet 1940. Démocrate-chrétien, il est un des fondateurs du MRP. Il est élu député sous cette étiquette de 1945 à 1962. Plusieurs fois ministre sous la IVe République (Finances, Affaires étrangères), Robert Schuman est Président du Conseil à deux reprises : novembre 1947-juillet 1948 et septembre 1948. Son mémorandum du 9 mai 1950, inspiré par Jean Monnet, aboutit à la création de la CECA, conçue comme l'embryon d'une Europe intégrée. Il préside le Mouvement européen en 1955 puis la première Assemblée européenne de Strasbourg (1958-1960).

Annexe 4

Les partis politiques en France

Centre des Démocrates sociaux (CDS). D'orientation européenne, libérale et sociale, ce parti est issu de la fusion en mai 1976 du Centre démocrate de Jean Lecanuet et du Centre Démocratie et Progrès créé en 1966 par Jacques Duhamel. Les chefs de file actuels du CDS sont Pierre Méhaignerie et François Bayrou.

Centre d'études, de recherche et d'éducation socialiste (CERES). Fondé en 1966 par d'anciens élèves de l'ENA avec la bienveillance de Guy Mollet, ce club de pensée anime l'aile gauche du PS dont il est l'un des courants. Son chef de file, Jean-Pierre Chevènement, rompt avec le PS en 1992 et crée le Mouvement des citoyens.

Centre national des indépendants et paysans (CNIP). Fondé en 1949, il se définit comme un mouvement de la droite moderne et libérale, hostile au dirigisme et à l'étatisme. Sa figure emblématique est Antoine Pinay. Influent sous la IVᵉ République et au début de la Vᵉ, le CNIP connaît ensuite une érosion régulière. Il a été rebaptisé Centre national des indépendants (CNI).

Clubs Perspectives et Réalités. Fondés en 1965, ils constituent une structure d'action et de réflexion au service de Valéry Giscard d'Estaing alors chef de file des Républicains indépendants. Les clubs se transforment en Parti populaire pour la Démocratie française en juillet 1995.

Comité interprofessionnel d'information et de défense de l'Union nationale des travailleurs indépendants (CIDUNATI). Dans la mouvance du « Mouvement Poujade », le CIDUNATI fédère à partir de la fin des années 60 plusieurs groupements départementaux de commerçants et artisans. Son chef de file est Gérard Nicoud.

Convention des Institutions républicaines (CIR). Créée en juin 1964, elle naît de la fusion de la Ligue pour le Combat républicain de François Mitterrand et de plusieurs clubs, dont le Club des Jacobins de Charles Hernu.

Fédération de la Gauche démocrate et socialiste (FGDS). Créée en septembre 1965, ce cartel électoral regroupe la SFIO, le Parti radical et les clubs politiques fédérés par l'Union des Clubs pour le Renouveau de la Gauche d'Alain Savary ou la Convention des Institutions républicaines (CIR) de François Mitterrand. La FGDS porte ce dernier à sa tête et le soutien lors de l'élection présidentielle de décembre 1965. En décembre 1966, la Fédération signe avec le PCF un accord électoral qui permet à la gauche d'enregistrer une progression sensible aux législatives de 1967. Mais la déroute électorale de juin 1968 conduit à l'éviction de François Mitterrand et à la désagrégation de la FGDS.

Front national (FN). Se réclamant de la « droite nationale », ce mouvement est fondé en 1972 par Jean-Marie Le Pen (ancien député poujadiste) et les dirigeants d'Ordre nouveau. La rupture avec ces derniers et le contexte peu favorable expliquent une longue stagnation jusqu'en 1984 (élections européennes). Depuis, en dépit de l'hostilité de la plus grande partie des médias et de la classe politique, le Front national s'est enraciné à l'occasion des élections présidentielles et surtout des municipales de 1995 (victoire électorale à Toulon). Surtout porté par le thème de l'immigration, le Front national a modifié son discours en un sens plus social (« populisme ») et prétend défendre l'idée nationale face aux tendances à la « mondialisation » et au « cosmopolitisme ».

Ligue communiste révolutionnaire (LCR). Créée en 1974 après la dissolution de la Ligue communiste, la LCR est un mouvement d'obédience trotskyste, héritier de la Section française de la IVᵉ Internationale fondée en 1938. Elle recrute essentiellement dans le secteur public et le monde syndical, mais son audience reste largement confidentielle. Le principal porte-parole de la Ligue est Alain Krivine, un des leaders de Mai 68, deux fois candidat à l'élection présidentielle (1969 et 1974).

Lutte ouvrière (LO). Créée en 1968, Lutte ouvrière succède à Voix ouvrière-Union communiste internationaliste dissoute la même année. Se réclamant du trotskysme, LO recrute essentiellement dans le personnel syndiqué (CGT, FO) des grandes entreprises et du secteur public. Elle a présenté Arlette Laguiller à toutes les élections présidentielles depuis 1974. Enregistrant d'ordinaire un score légèrement supérieur aux 2 %, cette dernière a dépassé la barre des 5 % en 1995.

Mouvement des Radicaux de gauche (MRG). En juin 1972, la minorité du Parti radical favorable à un accord électoral avec les socialistes fait scission : elle forme le Mouvement de la Gauche radicale-socialiste qui devient Mouvement des Radicaux de gauche en janvier 1973. D'audience limitée et d'implantation essentiellement locale, ce dernier apparaît surtout comme une force d'appoint du PS. Il signe le Programme commun de la Gauche en 1972 et participe au gouvernement après 1981. Le MRG est rebaptisé *Radical* en 1994.

Mouvement républicain populaire (MRP). Issu de la Résistance, il rassemble les chrétiens ouverts aux idées démocratiques et sociales. A la Libération, le MRP participe avec la SFIO et le PC au Tripartisme avant de devenir un des piliers de la Troisième Force. Ses leaders sont Georges Bidault, Robert Schuman ou Pierre Pflimlin, qui accèdent à plusieurs reprises à la présidence du Conseil sous la IVe République. Démocratie-chrétienne à la française, le MRP est farouchement attaché à la construction d'une Europe unie et à la CED. Il participe à la mise en place de la Ve République aux côtés du général de Gaulle, mais rompt avec ce dernier sur l'Algérie et l'Europe au printemps 1962. Le MRP est alors marginalisé dans l'opposition. Son président, Jean Lecanuet, le transforme en Centre démocrate en janvier 1966.

Occident. Ce groupe étudiant nationaliste appartenant à la mouvance d'extrême droite apparaît en 1964. Il s'affronte dans le Quartier latin avec les gauchistes qui soutiennent les communistes viêtnamiens ; il est dissous en 1968 non sans avoir formé de nombreux militants qui feront carrière dans la politique.

Ordre nouveau. Ce mouvement prend la suite d'*Occident* en 1970 et rassemble des étudiants et des lycéens qui refusent « la prédominance des groupes et des idées d'extrême gauche parmi les jeunes ». Il tente sans succès d'entrer dans le jeu politique : il participe à la création du Front national mais se brouille avec J.-M. Le Pen qui accuse ses dirigeants d'être des « gauchistes de droite ». Ordre nouveau est dissous en juillet 1973 après l'attaque violente d'un de ses meetings par les groupes gauchistes dont la Ligue communiste.

Parti communiste français (PCF). Il est l'héritier de la Section française de l'Internationale communiste-Parti communiste (SFIC-PC) créée en décembre 1920 lors du congrès de Tours par la tendance majoritaire de la SFIO, qui accepte l'adhésion à la IIIe Internationale et se soumet aux *21 conditions d'admission* édictées par Moscou. La SFIC-PC ne prend le nom de Parti communiste français qu'au milieu des années 30. Depuis la

Seconde Guerre mondiale, ses secrétaires généraux sont Maurice Thorez (1930-1964), Waldeck Rochet (1964-1972), Georges Marchais (1972-1992) et Robert Hue (depuis 1992, avec le titre de secrétaire national).

Parti des Forces nouvelles (PFN). Ce mouvement d'extrême droite est fondé en novembre 1974 par d'anciens dirigeants d'*Ordre nouveau* après l'échec de Jean-Marie Le Pen à la présidentielle de mai 1974. Il se réclame d'une « droite de progrès » et européenne (présentation d'une liste *Euro-droite* avec les Italiens du MSI aux européennes de 1979). Le PFN échoue cependant à devenir la « droite de la majorité » de l'époque et ses responsables le quittent en 1981.

Parti radical. Créé en 1901, le Parti républicain et radical-socialiste est la plus ancienne des formations politiques françaises. Depuis la scission des Radicaux de Gauche en 1972, ses adhérents sont très souvent désignés comme « Radicaux valoisiens », référence au siège historique du parti, place de Valois à Paris, et à la légitimité radicale dont ils s'affirment les dépositaires face à leurs rivaux du MRG. Le rôle du Parti radical dans la vie politique française n'a cessé de décliner depuis la Seconde Guerre mondiale. Ses grandes figures sont Henri Queuille, Edgar Faure, René Mayer ou Pierre Mendès France sous la IVᵉ République, Gabriel Péronnet, Michel Durafour ou Jean-Jacques Servan-Schreiber sous la Vᵉ.

Parti républicain (PR). Ce parti est fondé en mai 1977 en réaction à la création du RPR par la fusion de la Fédération nationale des Républicains indépendants (FNRI), de Génération sociale et libérale et des comités de soutien à VGE. Ses principaux leaders sont François Léotard, Gérard Longuet et Alain Madelin.

Parti social-démocrate (PSD). Créé en décembre 1973, il fédère trois formations unies par leur refus du Programme commun de la gauche : Mouvement démocrate socialiste, Socialisme et Liberté, Socialisme et Démocratie.

Parti socialiste (PS). Créé au congrès d'Epinay en juin 1971, il réunit notamment le Nouveau Parti socialiste d'Alain Savary et Pierre Mauroy héritier de la SFIO et la Convention des Institutions républicaines (CIR) de François Mitterrand. En 1974, une partie du PSU suit Michel Rocard et adhère au PS, qui enregistre par ailleurs de nombreuses adhésions individuelles comme celle de Jacques Delors. Le PS est organisé en *courants*, qui représentent officiellement les différentes tendances cohabitant au sein du parti. Ses Premiers secrétaires sont François Mitterrand (1971-1981), Lionel Jospin (1981-1988), Laurent Fabius (1988-1993), Michel Rocard (1993-1994), Henri Emmanuelli (1994-1995).

Parti socialiste unifié (PSU). Fondé en 1960, il regroupe à l'origine trois composantes : le Parti socialiste autonome (PSA), produit d'une scission au sein de la SFIO en 1958, dont les figures de proue sont Edouard Depreux, Daniel Mayer, Michel Rocard, Pierre Bérégovoy ou Pierre Mendès France ; l'Union de la Gauche socialiste créée en 1957, qui intègre notamment le courant chrétien progressiste ; *Tribune communiste*, journal regroupant d'anciens membres du PCF. En 1974, la majorité du parti se prononce contre l'adhésion au PS. Le PSU participe au gouvernement d'Union de la Gauche en 1981-1984 (Huguette Bouchardeau est secrétaire d'Etat à l'Environnement).

Rassemblement du Peuple français (RPF). Ce mouvement est créé en avril 1947 par le général de Gaulle qui refuse les institutions de la IVᵉ République et entend ainsi offrir une structure de rassemblement aux Français divisés par le système des partis. Isolés à l'Assemblée nationale après leur succès de 1951, les 121 députés gaullistes font de l'obstruction systématique. En mai 1953, le Général rend leur liberté aux élus du Mouvement dont le groupe parlementaire forme alors l'Union des Républicains d'action sociale (URAS) qui porte Jacques Chaban-Delmas à sa présidence et participe au jeu parlementaire. En septembre 1955, de Gaulle met le RPF en sommeil sans le dissoudre formellement.

Rassemblement pour la République (RPR). L'Union des Démocrates pour la République (UDR) devient le RPR le 5 décembre 1976, à l'issue des assises extraordinaires du mouvement gaulliste. Jacques Chirac en sera le président jusqu'en novembre 1994. Ses principales figures sont Edouard Balladur, Alain Juppé, Philippe Séguin, Charles Pasqua ou Jacques Toubon.

Républicains-Indépendants (RI). Cette formation voit le jour entre les deux tours des législatives de novembre 1962 à l'initiative de Valéry Giscard d'Estaing qui apporte son soutien au général de Gaulle et quitte le CNIP. Les RI se qualifient de parti centriste, libéral et européen. Leurs principales figures sont Michel d'Ornano et Michel Poniatowski. En juin 1966, les RI se transforment en Fédération nationale des Républicains indépendants (FNRI) qui participe en 1977 à la création du PR.

Section française de l'Internationale ouvrière (SFIO). Fondée en avril 1905 lors du congrès de la salle du Globe par Jean Jaurès et Jules Guesde, elle regroupe lors du congrès de Tours les minoritaires du parti qui refusent l'adhésion au Komintern et entendent « garder la vieille Maison » socialiste. Après la Seconde Guerre mondiale, ses chefs de file sont Léon Blum, Vincent Auriol, Paul Ramadier, Daniel Mayer, Jules Moch, Gaston Defferre et Guy Mollet. Au congrès d'Issy-les-Moulineaux en juillet 1969, la SFIO se transforme en Nouveau Parti socialiste dirigé par Alain Savary.

Union pour la Défense des commerçants et artisans (UDCA). Créée en juillet 1953 par Pierre Poujade, elle a pour origine la révolte antifiscale des petits travailleurs indépendants. La liste *Union et Fraternité française* (UFF) qu'elle présente aux élections législatives de 1956 obtient 53 élus, parmi lesquels Jean-Marie Le Pen à Paris. Se présentant comme apolitique, le « Mouvement Poujade » apparaît comme une réaction populiste, antiparlementaire, nationaliste et xénophobe. L'influence de l'UDCA s'effondre avec le retour du général de Gaulle en 1958.

Union démocrate et socialiste de la Résistance (UDSR). Cette formation regroupant des centristes et des chrétiens-démocrates est fondée en juin 1945 par René Pleven qui en occupe la présidence jusqu'en 1952, date à laquelle il cède la place à François Mitterrand. Parti charnière dans les combinaisons de la Troisième Force, l'UDSR ne résiste pas à l'avènement de la Ve République. Sur ses décombres, Francois Mitterrand crée la Ligue pour le Combat républicain en 1963.

Union pour la nouvelle République (UNR). Rassemblant les partisans du général de Gaulle, l'UNR est créée en octobre 1958, à la veille des premières élections législatives de la Ve République, qu'elle remporte au mois de novembre suivant. En 1962, elle fusionne avec l'Union démocratique du Travail (UDT). Ses figures de proue sont Michel Debré, Maurice Schumann, Olivier Guichard, Jacques Chaban-Delmas ou André Malraux.

Union démocratique du Travail (UDT). Créée en avril 1969 par Louis Vallon et René Capitant, elle représente une des sensibilités du « gaullisme de gauche » qui s'incarne également dans de petites formations qui restent en marge du gaullisme de gouvernement : Union gaulliste populaire (1959), Union populaire progressiste (1969) ou Mouvement pour la Solidarité par la Participation (1971). En 1982, la fusion de la Fédération des Républicains de Progrès et de l'UDT donne naissance au Mouvement gaulliste populaire (MGP) qui apporte son soutien à François Mitterrand.

Union des Démocrates pour la Ve République (UDV^e). Sa création en novembre 1967 traduit l'élargissement de l'UNR-UDT à des éléments venus d'autres horizons politiques que le gaullisme, notamment du MRP.

Union pour la Défense de la République (UDR). Créée en réaction aux événements de Mai 68, elle est destinée à orchestrer la mobilisation des partisans du général de Gaulle lors des législatives anticipées du mois de juin suivant. L'UDR devient en 1971 l'**Union des Démocrates pour la République** qui se transforme en RPR en 1976.

Union pour la Démocratie française (UDF). Cette confédération libérale et centriste est créée à l'initiative du président Giscard d'Estaing à la veille des élections législatives de 1978 pour faire contrepoids au RPR de Jacques Chirac. Elle regroupe le CDS, le PR, le Parti radical, le PSD et les Clubs Perspectives et Réalités. L'UDF accueille également des adhérents directs comme l'ancien Premier ministre Raymond Barre.

Les Verts. Fondée en novembre 1982, cette formation écologiste succède au Mouvement d'Ecologie politique, structure nationale permanente des écologistes depuis 1979. Les figures de proue de cette sensibilité sont René Dumont, Brice Lalonde, Antoine Waechter ou Dominique Voinet. A la différence des *Grünen* allemands, les écologistes français ne sont pas parvenus à préserver leur unité.

Carte 2
Le rapport droite-gauche en France
au 1er tour de l'élection présidentielle de 1995

Annexe 5

France de droite, France de gauche

● Depuis 1945, le rapport droite-gauche en France se révèle relativement stable, hormis l'immédiat après-guerre où les forces de gauche enregistrent une forte poussée face à une droite traditionnelle associée au discrédit qui frappe le régime de Vichy. Le pays apparaît durablement partagé en deux camps d'un poids relativement égal. Toutefois, sur l'ensemble de la période l'avantage revient à la droite. Il n'existe en effet de majorité de gouvernement possible pour la gauche qu'à trois reprises : octobre 1945, juin 1981 et juin 1988.

● Lors des 21 consultations nationales (15 élections législatives et 6 élections présidentielles au suffrage universel direct), on ne constate de véritables « raz-de-marée » électoraux en faveur d'un des deux camps qu'à quatre reprises : novembre 1958, juin 1968 et mars 1993 en faveur de la droite, et juin 1981 en faveur de la gauche. Massive en termes de sièges, la victoire n'est due en réalité qu'à un faible déplacement des voix et aux effets amplificateurs du scrutin majoritaire utilisé pour les législatives sous la Ve République (à l'exception de 1986).

● Les bastions traditionnels de la droite sont le Grand Ouest, l'Est et le Nord-Est, le Sud du Massif central, Paris et la Grande Couronne de l'Ile-de-France. Ceux de la gauche sont le Nord - Pas-de-Calais, la région Rhône-Alpes, le Grand Sud-Ouest, le Midi méditerranéen et la Petite Couronne de la région parisienne.

● Depuis la fin des années 70, la carte électorale a connu des basculements majeurs. La gauche s'est durablement implantée dans l'Ouest (Côtes-d'Armor, grandes villes bretonnes) et dans les métropoles alsaciennes (Strasbourg, Mulhouse). En revanche, elle a perdu du terrain face à la droite dans la « ceinture rouge » entourant Paris, dans la vallée du Rhône, dans la région Provence-Alpes-Côte d'Azur et dans certaines vieilles cités ouvrières du nord de la France (Amiens, Arras, Valenciennes, Roubaix).

● L'électorat traditionnel de la droite se situe essentiellement parmi les agriculteurs, les chefs d'entreprise, les professions libérales, les cadres supérieurs, les rentiers ou les retraités. La gauche recrute principalement parmi les ouvriers et employés, les petits exploitants agricoles, les fonctionnaires et les personnels du secteur public. Alors que le PC a vu sa base ouvrière s'éroder, le PS a su mordre sur les classes moyennes (échelons inférieurs et intermédiaires de l'encadrement, professions libérales).

● Après l'éphémère poussée poujadiste de 1953 à 1956, la France connaît depuis le début des années 80 une progression régulière de l'extrême droite « populiste » incarnée par le Front national. Son implantation apparaît particulièrement significative (plus de 15 % des voix pour Jean-

Marie Le Pen en 1995) dans la vieille France industrielle ainsi que dans la plupart des régions frontalières et/ou de forte immigration. Le FN a su élargir sa base électorale (droite catholique et traditionaliste, anciens partisans de l'Algérie française) à une clientèle populaire qui se sent menacée par le chômage et l'immigration (anciens électeurs de gauche). En revanche, le FN a souvent du mal à s'implanter dans les milieux bourgeois et intellectuels (scores médiocres de l'Ouest parisien).

● Depuis la guerre, le centre a du mal à exister comme une réalité autonome. Le Parti radical a rapidement achevé son basculement à droite, entamé dès les années 30. Le courant démocrate-chrétien a préservé ses spécificités plus longtemps, d'abord au sein du MRP puis dans des formations comme le Centre démocrate ou le Centre Démocratie et Progrès, avant de rallier la droite gaulliste et libérale sous Georges Pompidou. Comme le Parti radical, le centre démocrate-chrétien n'a pu résister à la logique de bipolarisation imposée par les institutions de la Ve République, qui a sévèrement amoindri sa représentation et son implantation géographique, en Alsace et dans l'Ouest notamment.

2

Clés de l'histoire française

I. Faut-il condamner la IVᵉ République ?

La mémoire collective retient de la IVᵉ République l'image d'un régime faible et instable, miné par le jeu des partis et le cancer algérien. Ce cliché n'est que partiellement fondé : comme le souligne Alfred Grosser, la IVᵉ République fut à la fois « impuissante et créatrice ».

1. La IVᵉ République a échoué sur les questions institutionnelle et coloniale

▶ **Le régime d'Assemblée a conduit à la paralysie de l'Exécutif et au discrédit du pouvoir.**

● **Le *parlementarisme rationalisé* souffrait de trois tares congénitales.**

— Le régime n'a pas suscité d'adhésion nationale : un Français sur trois seulement a approuvé la Constitution de 1946.

— Le contrôle parlementaire étroit sur le gouvernement n'est pas contrebalancé par une procédure simple de dissolution (art. 51 trop complexe).

— Surtout, les institutions ne peuvent fonctionner qu'avec le Tripartisme et sont donc irrémédiablement mises à mal par la guerre froide qui fait éclater la coalition issue de la Résistance entre PC, SFIO et MRP.

● **A partir de 1947, « l'inaptitude à vivre » du régime** (Hubert Beuve-Méry) **est devenue patente** (cf. p. 12). L'émiettement des forces politiques et les combinaisons d'états-majors conduisent à une instabilité chronique : de 1946 à 1958, on recense 23 gouvernements et trois cent quarante-huit jours de crises ministérielles !

• **La IVe République n'a pas su rénover la vie politique française.** On retourne dès 1947 aux pratiques de la IIIe République. Les fortes personnalités (Pinay, PMF) sont mises à l'écart. La souveraineté partisane prend le pas sur la souveraineté populaire (le Palais-Bourbon est surnommé la « Maison sans fenêtres »). D'où le vote massif, en septembre 1958, pour une forme moderne de « démocratie directe ».

▶ **La décolonisation s'est accomplie au prix de deux guerres meurtrières outre-mer** (voir le volume sur les pays du Sud).

• **L'*Union française* (1946) reposait sur une ambiguïté fondamentale** en substituant le principe de l'intégration à celui de l'indépendance, alors que dans la pratique la domination de la métropole restait entière. Il en allait de même vis-à-vis des départements d'Algérie.

• **Cette contradiction a déstabilisé la IVe République dès sa naissance.** Après l'Indochine (1946-1954), le régime cède en Algérie à une logique de la guerre coloniale qui conduit à sa perte et crée des traumatismes durables (1954-1962). Il convient de souligner le rôle de l'Armée et du puissant « parti colonial » à l'Assemblée dans cette évolution.

• **Le caractère inéluctable de la décolonisation et des solutions négociées n'a été que tardivement compris.** L'indépendance des protectorats du Maghreb et la *Loi-cadre Defferre* pour l'Afrique noire n'interviennent qu'en 1956.

2. Mais elle a également jeté les bases du « miracle français » des années 60

▶ **En engageant le pays dans les « Trente Glorieuses » avec la modernisation économique et l'Etat-providence.**

• **La IVe République a enraciné l' « économie mixte » qui associe Etat et capitalisme privé.** La planification indicative (Plan Monnet, Plan Hirsch) et l'aménagement du territoire lancé par Eugène Claudius-Petit dès 1950 vont de pair avec la recherche constante d'une complémentarité secteur privé-secteur public, lequel réalise 37 % du PNB en 1957. Ce processus est à l'origine d'un renforcement des prérogatives de l'administration (ENA et Grands Corps).

• **Elle a assuré une expansion soutenue,** une fois la Reconstruction achevée. Entre 1949 et 1958, on enregistre une augmentation de 5,5 % l'an du PNB tandis que l'investissement croît de 57 % pour toute la période. La politique conjoncturelle keynésienne et le fordisme assurent le plein emploi mais la récurrence des dérapages inflationnistes appelle des politiques d'assainissement d'inspiration libérale. Le pays ne connaît qu'une seule période « d'expansion dans la stabilité » (Edgar Faure), entre 1952 et 1956.

• **Elle a développé la consommation de masse**, soutenue par le *baby-boom* et les mécanismes redistributifs du *Welfare State* : la part des prestations sociales dans les revenus des ménages passe de 2 % en 1939 à 16 % en 1958. La création du SMIG en 1950 est suivie par l'adoption de la troisième semaine de congés payés en 1956. Entre 1950 et 1958, le pouvoir d'achat du salaire horaire moyen progresse de 40 % et la consommation de 42 % (seule la RFA fait mieux).

▶ **En élaborant une politique extérieure novatrice, centrée sur la construction européenne.**

• **L'atlantisme s'est imposé à la IVᵉ République dès la Reconstruction :** coopération économique et financière (FMI, aide Marshall, GATT, OECE) ; coopération diplomatique et militaire (OTAN, Plan Pleven et CED) ; coopération culturelle (accords Blum-Byrnes).

• **L'engagement européen répondait à une double priorité :** l'ouverture de l'économie française et la réconciliation franco-allemande, amorcée par le mémorandum Schuman (mai 1950). Durant la période sont créées la CECA (avril 1951) et la CEE (mars 1957). L'ébauche d'un « axe Paris-Bonn » entre Adenauer et Pierre Mendès France est perceptible dès 1954 avec les accords de Paris sur l'entrée de l'Allemagne dans l'OTAN et la restitution de la Sarre par la France

• **Une politique d' « indépendance nationale » a été esquissée.**

— Par le lancement, dès 1951, du **programme nucléaire français :** la fabrication d'une bombe A est décidée en avril 1958 par le gouvernement Félix Gaillard.

— Par le **dialogue avec l'URSS :** voyage de Mollet et Pineau à Moscou en mai 1956.

— Par une **ouverture vers le Tiers Monde** après Bandoeng : malgré le succès des visites de Pineau en Egypte et en Inde (1956), la guerre d'Algérie et l'affaire de Suez font toutefois encore obstacle à la fin des années 50.

Toute appréciation sur la IVe République doit être nuancée en considérant, avec l'historien Jean-Pierre Rioux, que « la France est le seul grand pays à recevoir de plein fouet tous les chocs majeurs de l'après-guerre : ruines, crise monétaire, séquelles de guerre civile, difficultés sociales et surtout guerre froide et décolonisation ». Le pays était-il armé pour y faire face ? Le sort du régime n'était-il pas scellé dès 1947 par l'absence de consensus national ?

II. Pierre Mendès France et le mendésisme

Pierre Mendès France (1907-1982) n'est resté que sept mois et demi à Matignon mais « l'expérience Mendès France » alimente un mythe et une sensibilité durables dans la vie politique française. Le « mendésisme » représente la quête d'un gouvernement moderne fondé sur la compétence, la vertu et la responsabilité de chacun : « La France peut supporter la vérité », affirme-t-il dans une interview publiée dans le premier numéro de *L'Express*, le 14 mai 1953.

1. Pierre Mendès France incarne en 1954 les aspirations à restaurer et à rénover l'Etat face à l'impuissance de la IVe République

▶ **Mendès France apparaît comme un homme politique atypique.**

• **Ancien « Jeune-Turc » du Parti radical, c'est une figure originale de la formation de la rue de Valois** dont il souhaite la rénovation et le rajeunissement. Etudiant en droit, il anime la Ligue d'action universitaire républicaine et socialiste (LAURS). Avocat à 19 ans, maire de Louviers à 23 ans, député radical de l'Eure à 25 ans, sous-secrétaire d'Etat au Trésor de Léon Blum à 31 ans, il refuse l'armistice et s'engage dans la Résistance dès 1940 : jugé et condamné pour désertion, il est de plus radié du Parlement. Evadé en 1941, il s'engage dans l'aviation de la *France libre.*

• **Il tranche avec le personnel de la IVe République.** Membre du CFLN en 1943, il devient ministre de l'Economie du GPRF en 1944 : partisan d'une forte amputation de la masse monétaire, il s'oppose à Pleven et à de Gaulle et démissionne. Spécialiste des questions économiques et financières, keynésien dans l'âme, il privilégie le professionnalisme et l'exigence sur les opportunités du jeu politicien. Député, minoritaire au sein du Parti radical, il garde, malgré les sollicitations, ses distances vis-à-vis des combinaisons du régime d'Assemblée.

▶ **Dès son arrivée à Matignon, il entreprend de réformer et de moderniser la France** (cf. p. 19).
• **Il veut faire disparaître les obstacles au redressement national.** Investi le 17 juin 1954, un mois après Dien Bien Phû, il est hostile à la guerre d'Indochine et parvient à régler le conflit en cinq semaines (accords de Genève). Mais il bute sur la CED et la question algérienne malgré sa volonté de réformes (il nomme le gaulliste Jacques Soustelle gouverneur général). L'efficacité économique et la justice sociale exigent, selon Mendès, une intervention constante de l'Etat qui doit avoir les moyens de sa mission : il veut conjuguer relance conjoncturelle et action structurelle (logement, éducation). Il donne également son feu vert à l'élaboration d'une bombe A française.
• **Il imprime un style de gouvernement volontariste et novateur.** Forte personnalité, ayant un sens inné de l'autorité, il refuse d'emblée le jeu et le carcan des partis en formant son gouvernement sans les consulter. Dirigiste, rigoureux et technicien, résolument moderniste *(néo-capitalisme),* il se veut aussi pédagogue auprès du pays (causeries à la radio) et refuse toute démagogie. Il souhaite en fait revenir à l'esprit originel de la Constitution de 1946, c'est-à-dire au *parlementarisme rationalisé.*

2. « PMF » est mis en échec par les partis mais il n'en devient pas moins une référence : le mendésisme est né (cf. p. 46)

▶ **Intransigeant dans ses choix, il n'entend pas sacrifier ses principes à l'exercice du pouvoir.**
• **Renversé en 1955, il demeure au centre du jeu politique mais refuse de cautionner les dérives de la IVᵉ République.** L'homme et ses conceptions (« gouverner, c'est choisir ») cristallisent les oppositions, voire les haines. Il se heurte à l'hostilité des partis, à l'opposition farouche des partisans de l'Empire, aux critiques constantes des libéraux, à la déception du « parti européen » (il est

accusé d'avoir fait échoué la CED), aux attaques des gaullistes et du PC et aux débordements des poujadistes. Ame du Front républicain lors des législatives de 1956, Mendès accepte d'être ministre d'Etat sans portefeuille dans le gouvernement Mollet mais, en désaccord sur l'Algérie, il démissionne dès le mois de mai.

• **Jacobin attaché aux prérogatives du Parlement, il se range dès 1958 parmi les adversaires résolus du général de Gaulle.** PMF refuse la Ve République et l'élection du Président au suffrage universel direct : il appelle à voter « non » aux référendums de 1958 et 1962. Il prend également position contre la CEE. Il connaît alors une succession de revers politiques : battu aux législatives de novembre 1958, Mendès ne sera jamais plus député et perdra son fief de Louviers. Exclu du Parti radical, il adhère au PSA (1959) puis au PSU (1960) où il reste minoritaire. Sa participation au meeting de Charléty (mai 1968) est un fiasco. En 1971, il ne s'engage pas dans l'aventure du nouveau PS et demeure dès lors en retrait de la vie politique.

▶ **Ancré à gauche, le mendésisme est avant tout un comportement et n'a jamais réussi à s'incarner dans un parti.**

• **La référence à PMF est un phénomène récurrent au sein de la gauche non communiste.** Plusieurs générations de « mendésistes » se succèdent :

— La génération de l'*Express* et de *France-Observateur* regroupe réformateurs (JJSS et Françoise Giroud), chrétiens progressistes (minoritaires de la CFTC), francs-maçons...

— La génération des clubs et du PSU (Rocard, Bérégovoy) est le creuset de la *Deuxième Gauche*. Elle rassemble étudiants de l'UNEF, intellectuels, syndicalistes de la CFDT (Edmond Maire, Jacques Delors) et membres des clubs comme le *Club Jean-Moulin*, le *Club des Jacobins* (Charles Hernu), le *Club Citoyens 60* ou le *Cercle Tocqueville*.

— La génération d'Epinay et de la *Nouvelle Gauche* s'incarne dans Jacques Delors ou le courant rocardien du PS. En 1981, François Mitterrand associe symboliquement Pierre Mendès France à son triomphe du Panthéon. Les responsables socialistes qui orchestrent la conversion du PS à la rigueur gestionnaire à partir de 1982-1983 se réclament de Pierre Mendès France (Pierre Bérégovoy).

• **« Etre mendésiste », c'est avoir une ambition et un style.** Le courage politique et le sens de l'Etat, la recherche de la modernité, l'attachement aux valeurs républicaines (Egalité, Laïcité, Ecole) et aux valeurs morales sont les piliers du mendésisme, « démarche empirique, éducative et honnête quant aux promesses », impliquant le « parler vrai » au risque de l'impopularité. Le refus du laxisme et de la facilité en est le corollaire : « La gauche ne doit pas céder à l'inflation, (...) elle doit garantir la monnaie, elle doit assurer l'équilibre de la balance extérieure, sinon (elle) se condamnera à l'échec et à la faillite » (PMF aux rencontres socialistes de Grenoble, en 1966). « Il ne faut pas promettre ce qu'on ne peut tenir car après la conquête du pouvoir, il y a l'exercice du pouvoir. »

Pierre Mendès France est un caractère en politique mais son intransigeance quant aux principes n'est-elle pas à la fois sa qualité première et son handicap essentiel? Ne l'a-t-elle pas, notamment, condamné à une certaine marginalité qui n'est pas sans rappeler la position d'un Antoine Pinay, son « alter ego » à droite? Plus qu'un homme d'action, PMF apparaît au total comme un homme de réflexion prisonnier de ses scrupules, au risque de l'impuissance dans l'action publique.

III. La guerre d'Algérie (1954-1962)

A peine signés les accords de Genève mettant fin à la guerre d'Indochine (juillet 1954), la France est confrontée à un nouveau conflit colonial en Algérie. La forte présence européenne sur ce territoire conquis en 1830, l'intransigeance du Front de Libération nationale algérien (FLN) et la faiblesse du pouvoir politique en place à Paris contribuent à le rendre inextricable et à le transformer en drame national.

1. La spécificité des liens entre l'Algérie et la métropole interdit une décolonisation négociée

► **L'insurrection de la Toussaint 1954 traduit la radicalisation du nationalisme algérien.**
● **Le *Statut de 1947* perpétue les inégalités entre les communautés.** Les 8,5 millions de Musulmans restent des citoyens de

« seconde classe » : en vertu du principe du *double collège*, ils sont représentés par le même nombre d'élus que le million d'Européens, à l'Assemblée algérienne comme à l'Assemblée nationale ; de plus, les élections sont souvent truquées. Un quart des Musulmans seulement a un niveau de vie proche de celui des Européens, lui-même inférieur à celui de la métropole (il faut nuancer le cliché du Pied-Noir gros propriétaire foncier).

- **La nouvelle génération de militants indépendantistes bascule dans la lutte armée.** Le nationalisme algérien est affaibli par ses divisions entre courant religieux (mouvement des *Ulémas*), courant progressiste (UDMA de Ferhat Abbas), courant révolutionnaire (MTLD de Messali Hadj), tous trois minés par les luttes de factions. Inspirés par le succès du Viêt-Minh à Dien Bien Phû, les jeunes messalistes de l'Organisation spéciale (Ben Bella, Aït Ahmed, Boudiaf...) créent le FLN et l'ALN en octobre 1954 et fixent « le jour de l'insurrection » au 1er novembre : attentats de la « Toussaint sanglante ».

- ▶ **Or toute revendication d'indépendance est inacceptable pour la France.**

- **« Entre l'Algérie et la métropole, il n'y a pas de sécession concevable »** (Pierre Mendès France, le 12 novembre 1954) parce que « l'Algérie, c'est la France » (François Mitterrand, ministre de l'Intérieur, le 7 novembre 1954) : elle est organisée en trois départements depuis 1881 et 80 % des Européens sont nés sur place. Le poids de l'histoire récente renforce l'attachement de la métropole pour l'Algérie, terre d'accueil de la *France libre* et du GPRF. La colonie présente un intérêt économique et stratégique considérable, pour le Sahara notamment (recherche pétrolière à partir de 1951, perspective d'essais nucléaires à partir de 1954).

- **Le gouvernement tente d'associer « maintien de l'ordre » et réformes.** Le MTLD est dissous (5 novembre 1954), les réseaux du FLN sont démantelés (ses partisans se replient alors dans les Aurès et en Kabylie) et les premières « zones de sécurité » sont créées (camps de regroupement). Parallèlement, la nomination du gaulliste Jacques Soustelle, gouverneur général prélude à un plan de réformes (janvier 1955) axé sur la construction de logements sociaux, l'extension de la scolarisation dans la population musulmane, la redistribution de certaines terres et la promesse d'une application honnête du Statut de 1947.

▶ **L'intransigeance de part et d'autre conduit à l'escalade de la violence.**

• **Le FLN et la majorité des Pieds-Noirs rejettent la politique d'intégration de Jacques Soustelle.** La logique de guérilla et de terrorisme l'emporte au sein du FLN dont les rangs grossissent. Le rôle des chefs militaires de l'ALN s'accroît au sein du Front qui manifeste des tendances hégémonistes de plus en plus violentes à l'égard des autres mouvements nationalistes (élimination des messalistes).

Parmi les colons, les adversaires des réformes l'emportent, relayés à l'Assemblée nationale par le « parti algérien » (René Mayer). Après les massacres du Constantinois en août 1955 (au terrorisme aveugle du FLN répondent les représailles de l'Armée et des Pieds-Noirs), les modérés basculent : Ferhat Abbas vers le FLN, Jacques Soustelle vers la répression. Paris envoie le contingent.

• **En 1956, le fossé se creuse irrémédiablement entre les communautés** (cf. p. 22). Guy Mollet veut arrêter la guerre mais cède à la pression des colons. Le 6 février 1954, accueilli à Alger par des manifestations (« journée des tomates ») il renonce à nommer le général Catroux gouverneur général et lui substitue le socialiste Robert Lacoste, favorable à l'Algérie française. Il choisit de vaincre le FLN et de négocier ensuite, en vertu du triptyque « Cessez-le-feu, élections, négociations », et obtient de l'Assemblée nationale des « pouvoirs spéciaux » (mars 1956). Le gouvernement a sans doute des contacts avec les responsables du FLN réfugiés à l'étranger, mais il couvre l'Armée lorsqu'elle détourne l'avion de Ben Bella parti du Maroc (octobre 1956) : les chefs historiques du FLN emprisonnés, le poids des responsables politico-militaires de l'intérieur, moins expérimentés, s'en trouve renforcé. Négocier est désormais impossible.

2. L'Algérie n'accède à l'indépendance qu'en 1962, après huit années de guerre

▶ **L'enlisement dans le bourbier algérien est fatal à la IVe République** (cf. p. 23).

• **La France s'épuise dans une guerre sans victoire.**

• **En 1958, de Gaulle est ramené au pouvoir par l'Armée et les Européens d'Algérie.**

► **De Gaulle se résout à l'indépendance pour sortir le pays de l'impasse algérienne.**

• **Il se rallie peu à peu au principe de l'autodétermination en septembre 1959** (cf. p. 24).

Dès le lendemain de son investiture, le 4 juin 1958, le Général se rend en Algérie : « Je vous ai compris! », lance-t-il à ses partisans réunis au Forum d'Alger. Durant ce voyage, il ne prononce pourtant qu'à deux reprises l'expression « Algérie française ». Il entame une politique de pacification et relance les investissements publics par le *Plan de Constantine*, adopté le 3 octobre 1958, ce qui semble signifier que la France restera en Algérie. C'est d'ailleurs le moment où l'Armée recrute le plus grand nombre de harkis, combattants algériens favorables à la France. Pourtant trois semaines plus tard, il propose la « paix des braves » (23 octobre) au FLN, qui la rejette. A l'été 1959, il s'oriente donc vers une solution négociée, non sans avoir testé la loyauté de l'Armée par deux « tournées des popotes » en août 1959 puis en mars 1960. Il développe désormais le thème de « l'Algérie algérienne » qui est bien accepté par la plus grande partie de l'opinion : le référendum d'autodétermination de janvier 1961 est un succès politique pour le Général. Dans le même temps, le gouvernement maintient une politique de fermeté à l'égard du FLN et de ses « porteurs de valises », Français qui aident matériellement les réseaux du FLN (procès Jeanson).

• **Les partisans d' « Algérie française » ne parviennent pas à empêcher la signature des accords d'Evian** en mars 1962. La « semaine des barricades » (janvier 1960) et le « putsch des généraux » (avril 1961) sont un échec. Créée en février 1961, l'*Organisation Armée secrète* (OAS) multiplie les violences : elle explique que, puisque le gouvernement français cède au terrorisme du FLN, il devra céder de la même façon au terrorisme *Algérie française.* La violence se développe en Algérie et en métropole : répression d'une manifestation FLN à Paris en octobre 1961 à Paris, morts du métro Charonne lors d'une manifestation communiste en février 1962, fusillade de la rue d'Isly à Alger en mars 1962 où l'Armée tire sur les partisans de l'Algérie française. Mais les négociations avec le Gouvernement provisoire de la République algérienne (GPRA), engagées dès juin 1960, aboutissent à l'indépendance de l'Algérie le 3 juillet 1962. Au cours de la négociation, de Gaulle n'est pas parvenu à conserver le Sahara où se trouvent le centre d'essais nucléaires français et les gisements d'hydrocarbures (sur lesquels l'Algérie recouvre une pleine souveraineté en 1965). La France conserve temporairement la base navale de Mers El-Kébir, qu'elle évacuera en 1967.

▶ **Le conflit laisse des séquelles durables en France et en Algérie.**

• **La guerre a un impact immédiat considérable.** Les pertes humaines se chiffrent entre 300 et 400 000 morts parmi les Musulmans, beaucoup victimes du FLN lui-même. Quelque 27 500 militaires français et 2 800 civils européens ont été tués. L'exode des rapatriés (environ 900 000 Pieds-Noirs et 140 000 Musulmans) a des conséquences non négligeables sur l'économie française (emploi et pressions inflationnistes). Malgré la « traque » dont elle est l'objet, l'OAS poursuit ses attentats en Algérie et en Métropole (printemps-été 1962). Dans le même temps, le FLN élimine les Harkis considérés comme « collaborateurs » (entre 30 000 et 150 000 exécutions ont lieu). Enfin, la guerre accélère la mutation institutionnelle de la Ve République : le général de Gaulle profite de l'émotion provoquée par l'attentat du Petit-Clamart (août 1962) pour faire adopter par référendum l'élection du Président de la République au suffrage universel direct.

• **La guerre a durablement faussé le dialogue entre Paris et Alger.** Dès l'indépendance, le « complexe algérien » de la France la pousse à établir des relations « exemplaires » avec ses anciens départements, quitte à cautionner le régime non démocratique du FLN et ses dérives, ce que lui reprochent aujourd'hui aussi bien l'opposition démocratique que les intégristes islamiques du FIS. De son côté, le FLN se plaît à stigmatiser les visées « néo-colonialistes » qu'il prête régulièrement à la France pour mieux souder l'opinion autour de lui. Mais la réalité est celle de l'interdépendance économique et culturelle (Paris est le premier partenaire de l'Algérie), de l'immigration (les Algériens constituent le 2e contingent d'immigrés derrière les Portugais) et des problèmes récurrents d'intégration qui en résultent (citoyenneté, banlieues, drame des enfants issus de mariages mixtes).

Autant de problèmes rendus aujourd'hui brûlants par la montée de l'islamisme qui se livre à un prosélytisme actif auprès de la communauté algérienne en France et fait planer une menace terroriste de plus en plus meurtrière sur les ressortissants et les intérêts français, en Algérie mais aussi dans l'Hexagone. La découverte de réseaux islamistes sur le territoire national, la prise en otage sanglante d'un Airbus d'Air France par le Groupe islamique armé (GIA) en décembre 1994 et la vague d'attentats de l'été 1995 montrent que la France ne parvient pas à échapper aux violences de la gerre civile algérienne.

Fondatrice de la Ve République et de l'Etat algérien, la guerre d'Algérie a hypothéqué d'emblée leurs relations. De fait, elle occupe une place à part dans la mémoire collective des deux peuples, entre occultation et plaie ouverte. Sentiment national et attachement à la terre natale, sentiment de trahison et d'injustice, terrorisme aveugle et torture : tout fait ici appel à l'irrationnel.

IV. Le gaullisme est-il de droite ?

Le gaullisme est né de la rencontre d'un homme entré de son vivant dans l'Histoire et de « circonstances » souvent dramatiques pour le pays. C'est une doctrine qui a été forgée au feu d'épreuves successives : la Résistance, la « traversée du désert », la guerre d'Algérie, l'instauration d'une nouvelle République. Le gaullisme enracine une sensibilité et des comportements inédits dans la vie politique française. Il est d'autant plus difficile à classer sur le spectre gauche-droite qu'il est indissociable du général de Gaulle et du mythe qui l'entoure.

1. Rassembleur et messianique, le « gaullisme du Général » n'est pas réductible au clivage gauche-droite

▶ **La grandeur de la France est la clé de voûte de l'ambition gaullienne et la source de toute légitimité.**

• **Pour de Gaulle, l'Etat-Nation est la valeur politique suprême :** il assume ainsi le double héritage du jacobinisme et du nationalisme de droite (influences de Maurras et de Barrès). Le refus de la supranationalité et la négation des idéologies (il parle de « Russie » à propos de l'URSS, de « Saxe » et de « Prusse » à propos de la RDA) se traduisent par une *Realpolitik* privilégiant le bilatéralisme. Mais cette *Realpolitik* est tempérée par le messianisme hérité de la Révolution et de l'Empire, lui-même produit des « Lumières » et de la « Grande Nation », ainsi que par son expérience personnelle, très marquée par ses contentieux avec Roosevelt ou avec les Pieds-Noirs à l'époque du gouvernement d'Alger. Paradoxe : de Gaulle est un visionnaire du XXᵉ siècle mais ses grilles d'analyse sont celles d'un homme du XIXᵉ siècle, voire d'Ancien Régime (Jean Lacouture, l'un de ses biographes, souligne qu'il fut surnommé « Le Connétable » lors de son passage à Saint-Cyr).

● **Tout projet politique est subordonné à la réalisation d'un « Grand Dessein » : rendre à la France son rang** (cf. p. 24).

L'Appel à la résistance contre le Reich et à l'insubordination contre Vichy dès juin 1940 en sont les actes fondateurs.

Les réformes de structure à la Libération (nationalisations, Sécurité sociale), la Constitution de la Vᵉ République, la politique d'indépendance nationale fondée sur la maîtrise du nucléaire et le refus des blocs en sont les pièces maîtresses.

La décolonisation et l'indépendance de l'Algérie en sont les points de passage obligés : dès 1958, il entend dégager le pays « des astreintes que lui imposait son Empire ».

▶ **L'autorité conférée par le peuple et le rassemblement de la Nation en sont les instruments.**

● **Le gaullisme réalise une synthèse entre autorité et démocratie, inconciliables en France depuis la Révolution.**

Doté de vastes pouvoirs par la Constitution de 1958, élu au suffrage universel direct depuis la révision de 1962, le chef de l'État est un « guide » charismatique et rassembleur au-dessus des partis mais il est étroitement soumis à la souveraineté populaire dont il est l'expression suprême (on retrouve ici les thèses institutionnelles développées par le Général dans son discours de Bayeux, le 16 juin 1946).

Le « **contrat de confiance** » qui le lie à la Nation (« Au nom de la légitimité que j'incarne depuis vingt ans », invoque-t-il lors du putsch des généraux d'avril 1961) est régulièrement renouvelé par des appels au peuple qui peuvent prendre plusieurs formes :

— Le **référendum** est utilisé à propos de l'Algérie en janvier 1961 et en avril 1962 ; de Gaulle l'utilise à nouveau pour la révision constitutionnelle d'octobre 1962 et pour le projet de réforme du Sénat en avril 1969.

— La **dissolution** lui permet de faire trancher par le peuple son conflit avec les partis à propos de l'élection du Président au suffrage direct en 1962 ou de reprendre la situation en main après une période de flottement durant les événements de Mai 68.

— Les **élections législatives ou présidentielles** sont également l'occasion d'en appeler au peuple pour conforter sa légitimité ou poser des choix de société : en 1965, de Gaulle fait ainsi campagne sur le thème « Moi ou le chaos ! ».

Le lien entre le chef de l'Etat et le peuple est donc un lien personnel, qui ne se limite pas au seul suffrage universel : les allocutions et conférences de presse à la radio ou à la télévision, les bains de foule et les écrits du Général *(Mémoires)* constituent d'autres formes possibles de ce contact exclusif débarrassé des intermédiaires.

Même au pouvoir, de Gaulle reste fondamentalement hostile à la notion de parti qu'il juge incompatible avec **l'idéologie du Rassemblement.** Il observe également une distance vis-à-vis des « mouvements » successifs qui soutiennent l'action de ses gouvernements et se réclament du gaullisme.

La thèse du « coup d'Etat permanent » avancée par François Mitterrand apparaît au total très contestable : le gaullisme consacre en effet une forme de « démocratie directe » (Maurice Duverger), de filiation certes bonapartiste (René Rémond), mais ni plébiscitaire, ni césariste.

• **Réformateur, le gaullisme aspire à un équilibre entre efficacité économique et justice sociale grâce au rôle actif d'un Etat fort,** à la fois décideur, employeur, protecteur, incitateur et arbitre.

Le général de Gaulle est un des principaux artisans de l'extension du secteur public et de l'économie mixte. La modernisation constitue un des piliers du « Grand Dessein ». Dans le domaine économique, où la filiation entre gaullisme et **colbertisme** semble nette, elle s'appuie sur un volontarisme qui fait appel à la planification, aux experts, à l'aménagement du territoire et à l'effet d'entraînement des « grands projets » (cf. le paquebot *France*, le Centre national d'Etudes spatiales, l'avion *Concorde* ou le Plan Calcul). Dans le domaine social, le gaullisme a œuvré à l'élargissement de l'Etat-providence tout en mettant au centre de ses préoccupations la notion de *participation*, destinée à promouvoir une association capital-travail.

L'analyse du PC qui voit en de Gaulle l'agent du « capitalisme monopolistique d'Etat » est simplificatrice. Par leur électorat et leurs alliances, les mouvements gaullistes (du RPF à l'UDR) penchent plutôt à droite et au centre droit, même si une fraction minoritaire des partisans du Général revendiquent l'étiquette de « gaullistes de gauche » (René Capitant, Georges Gorse). Pourtant, le gaullisme recrute dans toutes les classes sociales et dans toutes les régions : il possède une forte base populaire et mord sur la clientèle des partis de gauche et des syndicats, qui ont pu se rallier au général de Gaulle (PC et SFIO en 1944-1946 ; SFIO en 1958) tout en restant pour l'essentiel opposés à son projet politique (FO en 1969).

2. De Gaulle disparu, le gaullisme semble se positionner durablement à droite sur l'échiquier politique

▶ **La bipolarisation et l'alternance apparaissent comme les causes principales de ce glissement du mouvement gaulliste.**

● **La présidentialisation du régime réactive à terme les vieux antagonismes de la vie politique française.** Par sa stature historique, de Gaulle a pu se dégager des clivages politiques traditionnels et de leur moyen d'expression, les partis. Mais l'élection du Président au suffrage universel fait du Chef de l'Etat un chef de camp qui *de facto* n'échappe plus aux contraintes partisanes : le deuxième tour de 1965 et les législatives de 1967 marquent le retour au premier plan des formations politiques et révèlent la **pérennité de l'opposition droite-gauche.** L'usure du pouvoir accélère cette évolution : l'écrasante majorité issue des législatives de juin 1968 procède d'une crispation conservatrice de l'électorat et de la majorité gaullistes ; l'hostilité des partis (sauf l'UDR) à l'égard des thèmes du référendum de 1969 provoque l'échec du général.

● **La poussée de la gauche et l'affirmation du centre droit contraignent le mouvement gaulliste à une droitisation marquée** (cf. p. 31). Dès 1972, Pompidou abandonne le gaullisme social préconisé par Jacques Chaban-Delmas à travers le projet de *Nouvelle Société* au profit d'un « conservatisme éclairé » : les « gaullistes de gauche » autour de Léo Hamon rompent alors avec les « gaullistes de gouvernement ».

La présidentielle anticipée de 1974 déclenche une crise majeure au sein de l'UDR : les « Barons » doivent finalement s'incliner devant l'initiative de Jacques Chirac et d'une quarantaine de parlementaires gaullistes qui appellent à voter pour Valéry Giscard d'Estaing par le *Manifeste des 43* (13 avril 1974). La génération des « pompidoliens » l'emporte ainsi sur les gaullistes historiques issus de la Résistance, du RPF et de la « traversée du désert ».

Après sa rupture avec VGE, Jacques Chirac crée le RPR en décembre 1976. Principale force au Parlement, ce dernier pratique la surenchère en dénonçant le « socialisme rampant » du Président et le « conservatisme » de l'UDF. Dans son discours d'Egletons (automne 1976), Jacques Chirac préconise un « travaillisme à la française » qui offrirait une alternative à l'Union de la Gauche et aux libéraux. En 1981, le président du RPR se présente à l'élection présidentielle : il contribue ainsi à la défaite du Président sortant contre François Mitterrand, auquel se rallient quelques personnalités issues du gaullisme comme Michel Jobert ou Edgard Pisani. L'alternance du 10 Mai ouvre une nouvelle phase du gaullisme : celle du « gaullisme d'opposition ».

▶ **On peut s'interroger aujourd'hui sur l'existence d'un « néogaullisme » et ses traits spécifiques au sein de la droite.**
• **La référence au Général et au Rassemblement demeure, mais les entorses au dogme sont sensibles dans trois domaines.**
— **Les institutions.** Dès 1974, Jacques Chirac Premier ministre tente sans succès d'imposer à Valéry Giscard d'Estaing le principe d'une « dyarchie au sommet » alors que cette éventualité avait pourtant été condamnée dès 1964 par de Gaulle lui-même. La conceptualisation de la *cohabitation* par Edouard Balladur en 1983 et son acceptation à deux reprises (en 1986 et en 1993) conduisent les héritiers du Général à avaliser la remise en cause, fût-elle temporaire, de la primauté présidentielle. Dominée par la course à l'Elysée, la logique des institutions achève de transformer le mouvement gaulliste en « machine électorale » entièrement tournée vers l'échéance présidentielle.
— **Le rang.** Le RPR reste attaché à la politique d'indépendance nationale et à l'existence d'une force de frappe nucléaire française. En revanche, la position des gaullistes sur la construction européenne a évolué avec le temps. Alors que dans son appel de Cochin, en 1978, Jacques Chirac stigmatisait le « parti de l'étranger » (en l'occurrence l'UDF de VGE, pro-européen convaincu), le président du RPR et quelques-uns de ses plus proches lieutenants (Alain Juppé, Edouard Balladur) adoptent des positions proches des libéraux en adhérant au projet d'Acte unique européen (1986) et au traité de Maastricht (1991), qui pose le principe d'une monnaie unique européenne d'ici à la fin du siècle. Mais ce choix ne fait pas l'unanimité à l'intérieur du Mouvement : il est notamment très

critiqué par Charles Pasqua et Philippe Séguin, qui se veulent les défenseurs intransigeants de la souveraineté nationale et entendent maintenir la ligne d'une « Europe des Patries ». Lors du référendum de ratification du traité de Maastricht (1992), la direction du RPR préfère laisser la liberté de vote à ses adhérents plutôt que de provoquer une fracture au sein d'un mouvement gaulliste très partagé.

— **Le rôle de l'Etat.** Le RPR a progressivement pris ses distances avec l' « interventionnisme éclairé » empreint de keynésianisme des années 60 et 70. Avec le tournant des années 80, les gaullistes semblent se convertir au néo-libéralisme : entre 1986 et 1988, le gouvernement Chirac pratique une politique monétariste axée sur le désengagement de l'Etat (privatisations) et la déréglementation (suppression de l'autorisation administrative de licenciement). Ces options sont maintenues dans la première moitié des années 90, même si l'approfondissement de la crise (et les enjeux électoraux) amènent le RPR à refréner son libéralisme et à redécouvrir certaines vertus de l'intervention de l'Etat : entre 1993 et 1995, le gouvernement Balladur ne procède qu'à des privatisations limitées et remet à plus tard les réformes de fond.

• **La crise et les alternances successives nourrissent une quête permanente d'identité au sein du RPR.**

A partir de 1981, le RPR a été condamné à se définir presque entièrement en réaction contre la gauche et François Mitterrand. Cet exercice est d'autant plus difficile que le Mouvement a perdu le monopole du gaullisme : l'alternance a en effet abouti à un consensus entre la droite et la gauche non communiste sur les acquis essentiels de l'héritage du Général (institutions, diplomatie, défense).

La nécessité de l'union face à la gauche (création d'un cartel électoral avec l'UDF, l'*Union pour la France,* lors des législatives de 1988 et 1993) et la fusion progressive des électorats (tendance au vieillissement ; repli sur des classes moyennes érodées) conduisent à une banalisation des différences avec l'UDF aux yeux de l'opinion, alors que le Front national (FN) se pose comme la seule formation authentiquement de droite.

Face aux grandes questions de société (chômage, exclusion, ouverture des frontières, immigration ou sécurité), le RPR semble avoir du mal à trouver des réponses satisfaisantes aux yeux des électeurs, comme l'attestent ses déboires électoraux dans les années 80.

Les héritiers du général de Gaulle se demandent aujourd'hui quel profil offrir aux électeurs. L'option d'un parti unique RPR-UDF, libéral et européen, inspiré de la CDU allemande a un moment été défendue par Edouard Balladur en 1987. D'autres, comme Charles Pasqua ou Philippe Séguin, préconisent au contraire un retour aux sources sociales et nationales du gaullisme populaire. Quant à Jacques Chirac, il a longtemps paru se cantonner à une gestion vigilante de la « machine électorale » RPR.

D'où la montée de la contestation au sein du Mouvement. Après son échec à l'élection présidentielle de 1988, le maire de Paris se heurte à la fronde, finalement avortée, des « rénovateurs » animée par de jeunes dirigeants du RPR comme Michel Noir, Alain Carignon ou Michel Barnier qui prônent un changement de génération et un rapprochement avec l'UDF. En 1990, Jacques Chirac doit faire face aux attaques de Charles Pasqua et Philippe Séguin.

Après les législatives de mars 1993, le président du RPR choisit de renoncer au poste de Premier ministre pour mieux préparer l'échéance présidentielle de 1995. C'est Edouard Balladur, son plus proche conseiller, qui s'installe à Matignon. L'habileté politique de ce dernier et sa popularité en font rapidement un candidat potentiel pour l'Elysée : aux yeux de nombreuses personnalités gaullistes qui doutent des chances du maire de Paris, tel Charles Pasqua, le Premier ministre possède les qualités requises pour rassembler l'UDF et le RPR face à la gauche.

En novembre 1994, Jacques Chirac se porte cependant candidat : il démissionne de la présidence du RPR qu'il confie à Alain Juppé. Il contre-attaque en adoptant un discours qui le rapproche du gaullisme populaire professé par Philippe Séguin, lequel estime « dépassé » le clivage gauche-droite. En avril 1995, il accède au second tour de l'élection présidentielle mais ne devance Edouard Balladur que d'une courte tête. Sa victoire contre le socialiste Lionel Jospin en mai permet de ressouder le RPR, sans faire disparaître pour autant les rivalités qui le divisent. En outre, il est difficile de savoir si le nouveau positionnement de Jacques Chirac est d'ordre tactique ou s'il constitue un véritable retour aux sources du gaullisme.

Le gaullisme semble avoir été rattrapé par les forces profondes du jeu politique français qui oblige à se situer sur l'axe gauche-droite. Caractère hors du commun, Charles de Gaulle pouvait refuser cette ligne de partage ; confrontés à la logique des institutions et à l'ascension de la gauche, ses héritiers ne sont pas parvenus à perpétuer l'idéal du Rassemblement et ne peuvent donc qu'être classés à droite.

V. La modernisation économique et sociale en France depuis 1945

Au lendemain du Deuxième Conflit mondial, la France est « hantée par l'idée de déclin » (Christian Stoffaes) et la peur du retard économique caractérisé par une industrie trop faible, des entreprises trop petites et une ouverture économique insuffisante. L'aspiration des Français au bien-être la pousse au changement. Mais surtout, la nouvelle donne internationale l'oblige à s'adapter pour conserver son rang : il faut choisir entre modernisation et déclin, selon la formule de Jean Monnet.

1. La modernisation s'est imposée comme une priorité absolue à partir de 1945

▶ **C'est autant un choix volontariste qu'un processus subi.**

● **La modernisation s'attaque aux malthusianismes.** De Vichy au programme du CNR, on constate une volonté continue de rénovation étatiste et technocratique pour éliminer les archaïsmes.

— Pour pallier les faiblesses de la démographie, l'Etat soutient le *baby-boom* et encourage le recours massif à l'immigration.

— En matière d'éducation et de formation professionnelle, la scolarité obligatoire est portée à 16 ans (1959).

— La production et l'investissement sont soutenus par le *Plan de modernisation et d'équipement* (Jean Monnet, 1947) et la création du Fonds de développement économique et social. Les nationalisations de l'après-guerre (1944-1946) et celles de 1981-1982 poursuivent le même objectif.

— Le recours à la régulation fordiste et la mise en place d'un *Welfare State* suivant le modèle britannique du *Plan Beveridge* (1942) assurent tout à la fois l'extension de la protection sociale et la croissance de la consommation.

— Dans le domaine de la concurrence et de la distribution, les grandes surfaces se développent face au petit commerce, ce qui provoque la réaction poujadiste puis l'adoption de la *loi Royer* (1973).

• **Elle répond à l'impératif de l'ouverture et de la compétition internationales.** Il est désormais impossible d'en rester à la tradition protectionniste incarnée par les tarifs Méline (fin du XIXᵉ siècle) et le repli sur l'Empire : l'aide Marshall et les pressions américaines (adhésion au FMI, au GATT et à l'OECE) contribuent à l'internationalisation apparemment irréversible de l'économie (essor des FMN, dépendance à l'égard des marchés de matières premières et des produits énergétiques ou des marchés de capitaux). La construction européenne (CECA, CEE, SME, Grand Marché, Union européenne) constitue l'instrument et le théâtre privilégié du processus d'ouverture.

▸ **L'ambition modernisatrice façonne la politique économique française depuis la Libération.**

• **L'économie mixte en est l'instrument privilégié.**

— Un *néo-capitalisme* s'affirme au sein duquel L'Etat devient un acteur majeur de la vie économique et sociale par le biais des grandes entreprises publiques, de la recherche, de la politique du logement ou de la politique industrielle mais aussi par le contrôle du crédit, l'aménagement du territoire (création de 22 régions de programme par l'arrêté du 28 octobre 1956 puis de la DATAR en 1963) ou la prévision (rôle de l'INSEE et du CERC).

— La tradition colbertiste s'incarne dans un *néo-mercantilisme* dominé par la recherche d'une complémentarité entre secteurs public et privé. Ses principaux instruments sont la planification indicative (création du Commissariat général au Plan en 1946), les plans d'action sectoriels (agriculture, sidérurgie, construction navale...) et l'incitation à la concentration qui se traduit par la naissance de grands groupes industriels (Elf-Erap) et bancaires (BNP) à partir des années 60. Bénéficiant des garanties de la COFACE, le commerce extérieur est régulièrement stimulé par des « dévaluations compétitives ».

— Un consensus durable existe sur le modèle keynésien et la politique conjoncturelle *(réglage fin),* ainsi que sur la politique contractuelle Etat-patrons-syndicats (salaires, prix et revenus, protection sociale).

• **L'insertion dans la division internationale du travail (DIT) se fait par à-coups.**

— **Le redressement de l'après-guerre** n'est pas exempt de déséquilibres (1945-1958) : la Reconstruction s'accompagne d'un essor des exportations mais les guerres coloniales et l'inflation fragilisent la croissance.

— **Sous de Gaulle et Pompidou,** l'expansion repose sur la recherche de la compétitivité et l'essor des échanges intra-CEE (1958-1974) : la mise en place de la Politique agricole commune (PAC) et l'« impératif industriel » sont les orientations majeures d'une politique économique qui privilégie le soutien de la croissance plutôt que la maîtrise de l'inflation (« Mieux vaut l'inflation que le chômage », affirme alors le Président Pompidou).

— **Le poids croissant de la contrainte externe** ne s'accompagne pas d'un retour au protectionnisme malgré la durée et la profondeur de la crise à partir de 1974. Les chocs pétroliers amplifient les délocalisations et le redéploiement industriel. D'où un processus accéléré de tertiarisation et de substitution du capital au travail. L'adhésion au SME et la conversion au « franc fort », la construction du marché unique européen et la signature de l'*Uruguay Round* confirment les choix européens et libre-échangistes d'une France qui tend à devenir une société postindustrielle.

2. Mais la crise actuelle souligne les insuffisances des politiques mises en œuvre.

▸ **Des succès indéniables ont fait de la France la cinquième puissance économique du monde.**

● **L'enracinement de la société de consommation est acquis.**

— L'expansion sans précédent pendant les *Trente Glorieuses* (5,5 % par an) permet de parler de « miracle français » (voir le volume *Economie et Société*).

— Les fruits de la croissance sont largement redistribués : création du SMIG (Salaire minimum interprofessionnel garanti, indexé sur les prix, 1950) puis du SMIC (Salaire minimum interprofessionnel de croissance, indexé sur la croissance du PIB, 1970) ; passage de deux à trois semaines de congés payés (1956), puis quatre (1968), puis cinq (1981) ; élargissement de la protection sociale (1961-1975) ; réduction du temps de travail à 39 heures et retraite à 60 ans (1981). Mais l'expérience de la *participation* (1959-1969) demeure très limitée et les prélèvements obligatoires, malgré leur forte hausse (35 % du PIB en 1970, 45,5 % en 1985) demeurent insuffisamment redistributifs.

— La société est bouleversée : érosion du monde ouvrier ; avènement des classes moyennes et extension du salariat (85 % de la population active) ; modernisation agricole et exode rural. Le mode de vie est profondément transformé par le progrès technique, l'urbanisation, l'allongement continu de l'espérance de vie ou l'émancipation progressive des femmes.

• **La France est devenue un pays largement ouvert sur le monde.**

— Un Français sur quatre travaille aujourd'hui pour l'exportation. Les exportations de biens et services représentent 22 % du PIB : la France est le 2e exportateur mondial de produits agroalimentaires et de services, le 3e exportateur mondial d'armes.

— L'hexagone redéploie ses échanges vers les grands pays industriels solvables qui absorbent 80 % des exports de marchandises, dont 63 % pour la CEE contre respectivement 70 % et 53 % en 1980.

— Tirées par les grands groupes (Saint-Gobain, Péchiney, Alcatel-Alsthom...), les entreprises françaises investissent massivement à l'étranger (500 milliards de francs entre 1985 et 1992) tandis que le marché français connaît une forte pénétration étrangère qui représente 20 % du capital investi et des emplois dans l'hexagone.

▶ **La modernisation présente toutefois des failles et des contradictions.**

• **La compétition internationale révèle des faiblesses structurelles qui hypothèquent l'avenir.**

— Comme les autres grands pays industriels, la France subit la crise générale du système tayloro-fordiste (voir le volume *Economie et Société*).

— Les entreprises françaises conservent des handicaps : concentration insuffisante malgré le rattrapage relatif des années 80 (12 des 100 premières entreprises mondiales sont françaises), faiblesse chronique des PME et dysfonctionnements des circuits financiers, fiscalité souvent dissuasive, coût trop élevé du facteur travail et manque de « flexibilité ».

— La spécialisation de l'économie française demeure peu cohérente : sous-investissement dans les secteurs d'avenir et choix de prestige peu rentables (Concorde) ou soutien aux « canards boiteux » (Bull) ; faiblesse récurrente des échanges industriels avec les PDEM ; dualisme entre secteurs exposés et secteurs protégés (IIIᵉ Plan) ; la CEE constitue un champ de « protection élargie » qui laisse la part belle aux lobbies et aux corporatismes (ex : groupe de pression des céréaliers).

• **L'effort d'adaptation semble aujourd'hui destructeur d'emplois, voire de croissance.**

— Le cercle vicieux inflation-dévaluation en vigueur pendant quarante ans est brisé et **la politique du « franc fort » fait consensus** au prix de taux d'intérêts élevés. La priorité à la compétitivité-prix a amélioré la position concurrentielle de la France, mais les excès de la déréglementation financière ont favorisé l'investissement spéculatif au détriment de l'investissement productif par le mécanisme de l' « effet d'éviction ». La France est frappée à son tour par la désindustrialisation (1,5 million d'emplois industriels détruits de 1973 à 1993) et le chômage structurel, qui frappe 20 % des actifs hors service public.

— **La modernisation s'accompagne d'effets pervers :** productivisme non maîtrisé, pollution, essor des déséquilibres régionaux et sectoriels... Dans un contexte de croissance molle et de vieillissement de la population, les mécanismes de solidarité, à la fois coûteux (« trou de la Sécu ») et/ou inefficaces (RMI, retraites) sont menacés. La légitimité du *Welfare State* est remise en question après celle du keynésianisme.

— **La fracture sociale** engendrée par le développement de l'exclusion et la « croissance à deux vitesses » nourrissent la crise d'une société qui s'interroge sur le travail, sa finalité, son « partage ». La résurgence des idées protectionnistes, le débat sur l'immigration, le malaise de la jeunesse, la crise des banlieues ou l'essor des mouvements écologistes sont autant de manifestations des doutes d'un pays en mutation.

« Une économie a les crises de ses structures », écrit Ernest Labrousse : le passage de l'âge industriel à un âge post-industriel ne souligne-t-il pas la difficulté constante éprouvée par la France depuis un demi-siècle pour rattraper ses retards et donner un contenu à la notion de modernité ?

VI. La France et la construction européenne depuis 1945

Dans l'entre-deux-guerres, le Français Aristide Briand s'était fait l' « apôtre de la paix » et des « Etats-Unis d'Europe » (1929). Au lendemain du Second Conflit mondial, cette idée est mise au service de la réconciliation franco-allemande et devient l'un des axes structurants de la diplomatie française jusqu'à nos jours.

1. La vocation européenne de la France s'impose à elle-même et à ses partenaires.

▶ **La France est un pôle de puissance incontournable sur le Vieux Continent.**

● **Elle est un des « Cinq Grands » de l'ONU :** membre permanent du Conseil de sécurité, elle dispose de ce fait d'un droit de veto. Avec la Grande-Bretagne, c'est une des deux puissances nucléaires de l'UE. Elle conserve une capacité désormais limitée mais non négligeable de rayonnement mondial avec le « domaine réservé » africain, les DOM-TOM et la francophonie.

● **Les données « objectives » lui donnent un poids significatif.**

— Sur le plan géographique : l'hexagone représente 23 % du territoire de l'UE à douze et semble situé au centre de celle-ci.

— Sur le plan démographique : la France regroupe 16,5 % de la population de l'UE à douze et détient le 2e taux de natalité après l'Eire.

— Sur le plan économique : au 31 décembre 1994, elle participait à 19 % du PNB de l'UE.

● **Elle fait ainsi partie des quatre grands Etats de l'Union européenne** avec la RFA, le Royaume-Uni et l'Italie. Avant l'élargissement de 1995, elle disposait de 10 voix au Conseil des Ministres lors des votes à la majorité qualifiée et de 87 députés sur 567 au Parlement européen dont le siège est à Strasbourg. L'intégration de la Suède, de l'Autriche et de la Finlande n'a guère modifié le poids relatif de la France dans ces différentes instances. Enfin, le franc compte pour environ un cinquième dans la composition de l'ECU.

▶ **« Puissance moyenne » au niveau mondial, la France a besoin de l'Europe pour continuer à exister parmi les Grands.**

● **Entre la construction européenne et le déclin, il n'y a pas de solution alternative possible.**

L'Europe a permis à la France de compenser la perte de son Empire et d'exister entre les blocs. Elle lui permet aussi de mieux peser dans les négociations commerciales internationales (GATT) et d'user du prestige que confère la présidence tournante du Conseil des Ministres.

D'où un consensus national assez large sur le projet européen, dont les modalités alimentent toutefois en permanence le débat politique intérieur. Ainsi les querelles sur la supranationalité sont-elles récurrentes, de la CED à Maastricht en passant par l'*Appel de Cochin* (1978) ou les tentations de sortie du Système monétaire européen (1982-1983, 1992-1993).

En période de crise, l'Europe constitue également un bouc émissaire commode pour les partis politiques, les syndicats ou les groupes de pression qui dénoncent à l'envi les « eurocrates » de Bruxelles. Il n'empêche : une partie non négligeable de l'opinion est hostile à une trop grande ouverture sur l'extérieur et aux transferts de souveraineté qu'implique la dynamique d'intégration, comme l'a démontré le succès des listes conduites par le Front national et Philippe de Villiers aux élections européennes de juin 1994.

● **L'ouverture européenne s'est imposée comme instrument et cadre de la modernisation économique depuis 1945.** Le « grand marché unique » offre un vaste débouché à la France qui contribue à hauteur de 16 % aux échanges intracommunautaires et constitue ainsi la 2e puissance commerciale derrière la RFA. En 1994, les onze autres membres de l'UE, Allemagne en tête, étaient les premiers partenaires commerciaux de l'Hexagone qui réalisait avec eux 60 % de ses échanges. L'économie française bénéficie des politiques communes (au premier rang desquelles la PAC) et de l'action des fonds communautaires comme le FEDER (Fonds européen de développement régional) ou le FSE (Fonds social européen). Elle tire profit des programmes de recherche ainsi que des projets communs dans le domaine industriel (Airbus) ou spatial (fusée *Ariane*).

● **Cette intégration croissante se traduit par des contraintes de plus en plus fortes.** Contributeur net au budget communautaire avec 19,5 % des participations des Etats membres (1992), la France fait un gros effort de solidarité financière. L'appartenance au SME l'oblige à se plier à une discipline monétaire et financière très stricte (inflation, déficits, taux d'intérêt) pour maintenir la parité franc-mark. La marge de manœuvre des politiques nationales est réduite par les impératifs de la convergence, qui imposent une dépendance de fait à l'égard de l'Allemagne, économie dominante en Europe.

2. Elle joue donc un rôle majeur dans la dynamique d'unification européenne depuis un demi-siècle

▸ **Son poids est décisif dans les décisions communautaires.**

• **En ce qui concerne l'approfondissement.** Jean Monnet était favorable à une Europe supranationale. Mais le général de Gaulle s'oriente plutôt vers une « Europe des patries » fondée sur les coopérations intergouvernementales (cette option est défendue par les Plans Fouchet de 1961 et 1962). Après la politique de la chaise vide (la France cesse de participer aux réunions européennes), il obtient en 1966 le *compromis de Luxembourg* qui garantit un droit de veto à chacun des Etats membres. La France a par ailleurs fait prendre en compte par ses partenaires le poids de son agriculture : la PAC, amorcée en 1962, est la première et la plus importante des politiques communes.

• **En ce qui concerne l'élargissement.** Par deux fois, en 1963 et en 1967, la France a pu s'opposer à l'entrée de la Grande-Bretagne dans le Marché commun alors que tous ses partenaires y étaient favorables.

• **En ce qui concerne les relations avec le reste du monde.** La politique française d' « indépendance nationale » a infléchi la construction européenne d'une logique atlantiste à une logique plus autonome. Plus récemment, la France s'est opposée à ses partenaires dans le cadre de la négociation de l'*Uruguay Round* au GATT : elle a pu ainsi obtenir la renégociation du « pré-accord » agricole de Blair House conclu en novembre 1992 entre la Commission européenne et les Etats-Unis, ainsi que la reconnaissance d'une « exception culturelle ».

▸ **La France est un pionnier et un moteur de la construction européenne.**

• **Deux Français comptent parmi les « pères fondateurs » de l'Europe.** Le Mémorandum de Robert Schuman (9 mai 1950) ouvre la

voie à la CECA (1951), à la CEE (1957) et à une construction européenne privilégiant la réconciliation franco-allemande et l'axe
Paris-Bonn, scellé par le traité de l'Elysée en 1963. Les Français
exercent des responsabilités très symboliques : Jean Monnet est le
premier président de la Haute Autorité de la CECA (1952-1955),
Robert Schuman est le premier président de l'Assemblée de Strasbourg (1958-1960), Simone Veil est le premier président du Parlement européen élu au suffrage universel direct (1979-1982). Jacques
Delors, président de la Commission européenne de 1985 à 1995, a
été un des principaux artisans de la relance européenne à partir du
milieu des années 80.

• **Des initiatives françaises sont à l'origine d'impulsions déci-
sives.**

— Dans le domaine militaire, Paris est à l'origine du projet de
Communauté européenne de défense (***Plan Pleven*** de 1950) destiné
à diluer le réarmement allemand dans le cadre d'une armée européenne intégrée. L'échec de cette entreprise la conduit à participer
à la mise en place de l'Union de l'Europe occidentale (1954). A
partir des années 80, la construction européenne sert de cadre à la
coopération franco-allemande avec la création d'une brigade puis
d'un corps d'armée commun.

— Dans le domaine politique, VGE est à l'origine du Conseil
européen (1974). Du projet d'union politique de 1972 au traité de
Maastricht (1991), Paris est en pointe dans la dynamique qui
aboutit à la mise en place de l'UE en 1993.

— Dans le domaine économique et commercial, la France a
également un rôle moteur, qu'il s'agisse de la création de la PAC, de
la politique de recherche (***programme Eurêka*** en 1985) ou de l'élaboration de l'Acte unique européen (1986) conduisant à la mise en
place du Grand Marché (1993).

— Dans le domaine monétaire, la France est un des principaux
artisans de la mise en place du SME (1978-1979) et de l'Union économique et monétaire (à partir de 1989-1991).

• **La France a réussi à faire accepter à ses partenaires des préoccupations particulières.**

— La construction d'une Europe sociale constitue une constante plus ou moins affirmée de la politique française, de la réforme
du FSE (1972) à la Charte sociale européenne (1989).

— En matière d'éducation et de culture, Paris est à l'origine du
programme Erasmus.

— En matière de coopération et développement, la France a incité la Communauté à mettre en place la *convention de Yaoundé* en 1963 puis les *accords de Lomé* avec les pays ACP à partir de 1975.

— Concernant les élargissements successifs, Paris s'est fait l'avocat de l'intégration des jeunes démocraties méditerranéennes : la Grèce en 1981, l'Espagne et Portugal en 1986.

L'effondrement du bloc communiste a bouleversé les grilles d'analyse de la politique européenne française. La France doit donner un contenu nouveau à cette « Europe de l'Atlantique à l'Oural » voulue par le général de Gaulle, au centre de laquelle se trouve désormais l'Allemagne réunifiée. Or Paris n'a pu faire accepter par ses partenaires la proposition d'une « grande confédération » avec l'Est (1991), et la RFA semble, depuis la chute du Mur de Berlin, tentée par plus d'autonomie à l'égard d'une France qui déplore son « égoïsme monétaire » et leur divergence de vues sur l'ex-Yougoslavie. Faut-il y voir une menace pour la cohésion de l'axe franco-allemand ?

VII. Socialistes et communistes français depuis la Seconde Guerre mondiale

En un demi-siècle, socialistes et communistes n'ont gouverné ensemble qu'à deux reprises : 1944-1947 et 1981-1984, deux périodes de grandes espérances et d'intense activité réformatrice. La concurrence entre les principales composantes de la gauche prend souvent la forme d'une opposition tranchée qui explique en partie le caractère exceptionnel de leurs convergences et la fragilité de leurs alliances.

1. L'hégémonie sur le « peuple de gauche » est l'enjeu central de la rivalité entre socialistes et communistes

▶ **Le schisme du congrès de Tours (décembre 1920) a donné naissance à deux identités distinctes se réclamant du socialisme.**
● **Deux visions du monde, messianiques et irréductibles, s'affrontent.**

Incarnée par Jaurès, la tradition républicaine du socialisme démocratique s'oppose à la discipline du Mouvement communiste international qui s'affirme depuis la création du *Komintern* et l'énonciation des « 21 Conditions » en 1920 comme un instrument docile au service de l'URSS. L'acceptation de la démocratie représentative par les socialistes s'oppose au dogme communiste de la *dictature du prolétariat*.

Il en résulte deux partis radicalement différents dans leur organisation et dans leur fonctionnement. La pluralité des tendances chez les socialistes (cf. les multiples « courants » du PS) est refusée par le PC qui pratique le *centralisme démocratique*. Les « synthèses » de congrès socialistes (comme celui d'Epinay en 1971 ou de Metz en 1979) ne peuvent donc avoir cours chez les communistes qui opèrent des « purges » régulières pour débarrasser le Parti de ses éléments indésirables (de Tillon en 1952 à Jean Ellenstein en 1980). Les communistes reprochent aux socialistes un « pragmatisme-opportunisme » que refléteraient selon eux les participations successives de la SFIO à des coalitions « bourgeoises » à partir du Cartel des gauches en 1924. Les socialistes dénoncent quant à eux le sectarisme récurrent du PC à leur égard, de la tactique « classe contre classe » dans les années 30 à la consigne confidentielle donnée aux militants de procéder à un « vote révolutionnaire » en faveur de Valéry Giscard d'Estaing au second tour de la présidentielle de 1981.

- **Mais l'héritage commun entretient une dynamique d'union récurrente et ambiguë.**

Socialistes et communistes partagent les mêmes références : la Révolution française, la Commune, le Front populaire, la Résistance... Bien que différencié, leur fond culturel repose sur l'unité ouvrière et le guesdisme, le combat pour la laïcité et l'anticléricalisme, auxquels s'ajoutent les options progressistes et internationalistes, l'attachement aux valeurs du pacifisme et du patriotisme, l'engagement contre le fascisme et le colonialisme.

Depuis 1936, le principe de la « **discipline républicaine** » est mis au service d'une Union de la Gauche non dénuée d'arrière-pensées. Selon la formule du communiste Jacques Duclos, « l'union est un combat » qui consiste au moins autant à faire échec à la droite qu'à affirmer sa supériorité sur le camp de la gauche en « plumant la volaille » socialiste. D'où les revirements brutaux occasionnés par les « virages à 180° » et les rancœurs tenaces de « l'union-trahison ». Les communistes craignent d'être trahis par les socialistes tandis que ces derniers s'inquiètent d'éventuelles surenchères ou manipulations. Ces arrière-pensées récurrentes expliquent en partie la rupture du Front populaire lors de la « pause » de 1937 ainsi que la fin du Tripartisme en 1947 ou l'abandon de l'Union de la Gauche en 1977.

▶ **La concurrence entre ces deux forces est permanente car elles doivent tirer leur légitimité du monde du travail.**
● **Les sociologies électorales et professionnelles du PC et du PS se recoupent largement.**

Socialistes et communistes partagent les mêmes bastions historiques : vieilles régions industrielles, « Ceinture rouge » de Paris, « Midi rouge ». Le noyau dur de leur clientèle se compose d'ouvriers, de petits paysans, d'enseignants, de fonctionnaires et intellectuels. Les deux partis sont confrontés à des facteurs de recomposition analogues comme l'émergence des classes moyennes, l'érosion du monde ouvrier, les reconversions régionales, la crise sociale et identitaire (chômage, banlieues, sécurité, immigration) et le discrédit progressif du modèle communiste.

A long terme, le PS s'est mieux adapté que le PC. Il a réussi sa mue comme « parti interclassiste » et réformiste en élargissant son audience électorale à de nouvelles catégories socioprofessionnelles (cadres) et à de nouveaux bastions (Ouest breton). L'ouverture du PCF a été trop tardive et limitée (abandon de la *dictature du prolétariat* en 1976 puis du *centralisme démocratique* en 1994) pour enrayer un déclin accéléré par des raidissements tactiques souvent mal compris par la base comme la rupture de l'Union de la Gauche en 1977.

● **Leur expression politique et leur audience reposent sur les élus, les appareils et le contrôle de multiples relais.**

PC et PS participent à tous les types de scrutin : ils peuvent donc s'appuyer sur le poids de leurs notables locaux (comme Gaston Defferre à Marseille ou André Lajoinie dans l'Allier) et de leurs groupes parlementaires.

Les deux grandes formations de gauche procèdent à un quadrillage étroit du terrain par l'intermédiaire de leurs sections locales, des cellules de quartier et d'entreprise ou les relais associatifs (loisirs, logement, culture).

L'articulation partis-syndicats constitue un rouage essentiel de leur influence. Mais alors que la CGT est liée au PC par des liens quasi organiques (ses dirigeants, à l'instar de Georges Séguy ou Henri Krasucki, siègent dans les instances dirigeantes du Parti), les liens entre les formations socialistes et les syndicats sont moins formels (SFIO et CGT-FO, PS avec la FEN et la CFDT). L'influence des partis de gauche s'exerce aussi à travers les comités d'entreprise et les « fiefs » de l'administration (Education nationale) ou du secteur public (Renault, EDF-GDF).

A la base, le monde des militants apparaît comme une « contre-société » avec ses rites (propagande), sa presse (*L'Humanité, Le Populaire*), sa culture *(Banquets républicains, Fête de l'Humanité).* PC et PS drainent autour d'eux une mouvance avec ses réseaux, ses intellectuels (Jean-Paul Sartre, Ernest Labrousse, Jean Vilar) et ses « compagnons de route » (Picasso, Bernard Kouchner).

2. La division PC-PS a longtemps affaibli la gauche dans son combat politique pour l'exercice du pouvoir.

▶ **A l'épreuve de la guerre froide, les fractures occultées par la Résistance ressurgissent et minent la IVe République.**

• **La solidarité des combats et de la clandestinité permet de surmonter les déchirures de 1939-1940 :** le pacte germano-soviétique (qui aboutit à l'interdiction du PC et à la scission de la CGT) et le vote des pleins pouvoirs à Pétain par une partie des députés SFIO et ex-PC.

L'engagement dans la Résistance est un phénomène minoritaire à la SFIO (Léon Blum, Daniel Mayer) et plus encore au PC avant juin 1941 (Charles Tillon). Socialistes et communistes participent au CNR et aux GPRF présidés par le général de Gaulle : à la différence de 1936, le PC accepte de gouverner. La gauche prend ainsi une part active aux grandes réformes de structures qui seront appliquées à la Libération.

L' « esprit de la Résistance » réveille l'aspiration à l'unité ouvrière. L'année 1943 voit la réunification de la CGT (avril) et marque le début des tentatives d' « union organique » des deux grandes formations de gauche (en 1946, Guy Mollet accède à la direction de la SFIO sur ce programme).

Les élections de l'après-guerre sont marquées par une nette **poussée de la SFIO et du PC** qui devient le 1er parti de France, mais leur influence est contrebalancée par le MRP. Ce rapport de forces aboutit au compromis constitutionnel de 1946 et instaure la gestion tripartite des premiers mois de la IVe République.

● **La coupure du monde en deux blocs précipite la rupture entre les partis de gauche.**

— **L'année 1947** est marquée par l'irruption de la guerre froide dans la vie politique française. La grève dans les usines Renault est le détonateur de la rupture : le 5 mai, le Président du Conseil socialiste Paul Ramadier met fin aux fonctions des ministres communistes pris en défaut de solidarité gouvernementale à l'Assemblée. La scission syndicale suit la rupture politique avec la création de la CGT-FO en janvier 1948.

Le PC devient l'instrument discipliné de la doctrine Jdanov et orchestre l'agitation de masse tels les grandes grèves de 1947-1948, l'Appel de Stockholm de 1950 ou les manifestations monstres contre « Ridgway-la-peste » en 1951.

« Les communistes ne sont pas à gauche, il sont à l'Est », affirme alors Edouard Depreux, un des leaders de la SFIO. Cette dernière noue des alliances avec le centre-droit, adhère à l'atlantisme (OTAN, CED) et soutient la politique de fermeté dans les colonies. Elle acquiert le statut de « parti pivot » à l'Assemblée où tout gouvernement peut difficilement se passer de son soutien.

— **L'année 1956** paraît marquer un tournant avec l'avènement d'un Front républicain soutenu par le PC. Mais la gauche va rapidement être minée par le cancer algérien : le « national-mollettisme » suscite l'opposition des communistes (« mouvement des rappelés ») et menace la SFIO d'implosion (Guy Mollet se heurte à l'opposition d'Alain Savary et Daniel Mayer).

▶ **Déstabilisés par l'avènement de la Ve République, communistes et socialistes doivent s'adapter et s'unir pour revenir aux affaires en 1981.**

● **En crise, la gauche est marginalisée à partir de 1958.**

— La SFIO participe au dernier gouvernement de la IVe République présidé par le général de Gaulle, mais le PC en est exclu. Les grandes formations de gauche vont pourtant se mettre toutes deux hors jeu en optant pour des choix à contre-courant lors des deux référendums décisifs sur la Constitution (1958) et l'élection du Président de la République au suffrage universel direct (1962).

Rejetée dans l'opposition, la gauche subit une **érosion électorale**

constante. Elle est en effet affaiblie par la division récurrente entre le PC et la SFIO, elle-même amoindrie par des scissions successives : création du Parti socialiste autonome (PSA) en 1958, puis du Parti socialiste unifié (PSU) en 1960.

La SFIO et le PC souffrent par ailleurs d'un réel discrédit dû, pour la première, à son attitude lors de la guerre d'Algérie et, pour le second, à la répression par l'URSS des aspirations à la liberté en Europe de l'Est (Budapest en 1956 puis Prague en 1968).

— Le nécessaire **effort de rénovation** prend la forme de l'eurocommunisme pour le PC. La gauche non communiste n'est pas en reste avec la création de la Convention des Institutions républicaines (CIR) et du CERES, l'essor du mendésisme et l'épanouissement de la *Deuxième Gauche*.

Face au gaullisme triomphant, la **recherche de l'union** est également indispensable. Elle se concrétise notamment par la constitution de la Fédération de la Gauche démocrate et socialiste (FGDS) et par la candidature unique de François Mitterrand, ancien leader de l'UDSR, à l'élection présidentielle en 1965, ou par les accords de désistement en faveur du candidat de gauche le mieux placé au second tour lors des législatives de 1967.

— Mais ces tentatives sont insuffisantes pour satisfaire les aspirations d'une société bouleversée par l'avènement de la consommation de masse et la révolution des mœurs. Le PC et la SFIO sont confrontés aux débordements et au désarroi de leur base, qui favorise l'essor des mouvements gauchistes. L'explosion de Mai 68 prend les deux grandes familles de gauche totalement au dépourvu.

L'accumulation des revers électoraux (1958, 1962, 1965, 1967, 1968, 1969) en est la sanction directe. A la présidentielle de 1969, Gaston Defferre, candidat unique de la gauche non communiste, ne recueille que 5 % des voix ! Si le PC résiste mieux (son candidat, Jacques Duclos recueille 21,5 % des suffrages), il apparaît de plus en plus comme une « contre-société » incapable de rassembler au-delà des frontières du Parti.

- **François Mitterrand transforme le PS en parti de gouvernement.**

— Le choc de Mai 68 et l'absence de la gauche au second tour de l'élection présidentielle imposent une **recomposition.** Dès 1969, Guy Mollet est évincé par le tandem Alain Savary-Pierre Mauroy qui dénonce la sclérose de la SFIO et crée le « Nouveau PS ». La direction du PC passe à Waldeck Rochet puis à Georges Marchais.

Candidat brillant, mais battu par le général de Gaulle en 1965,

François Mitterrand décide alors de partir à la conquête de l'Elysée. Son instrument sera le PS dont il prend le contrôle en 1971 lors du congrès d'Epinay. La stratégie qu'il choisit est l'Union de la Gauche : scellée en 1972 par la signature du *Programme commun de gouvernement* entre le PS, le PC et le MRG, elle doit permettre au Parti socialiste de supplanter le Parti communiste.

De fait, on assiste entre 1973 et 1981 à une progression régulière de la gauche avec une **modification du rapport des forces au profit des socialistes** qui incarnent la dynamique d'union et profitent de l'aveuglement du PC.

La gauche est une nouvelle fois battue aux élections législatives de 1973 mais François Mitterrand, candidat unique du PS, du PC et des Radicaux de gauche, échoue de peu contre Valéry Giscard d'Estaing à la présidentielle de 1974. C'est cette même année que Michel Rocard, transfuge du PSU, adhère au Parti socialiste.

— Les élections municipales de 1977 traduisent une nouvelle poussée de la gauche qui remporte un net succès sur la majorité, mais elles illustrent également l'érosion du PC face au PS. Pour enrayer ce processus, **les communistes décident en septembre 1977 de rompre l'Union de la Gauche,** qui perd les élections législatives en mars 1978. Suite à ce nouvel échec, François Mitterrand est contesté : face à la coalition des courants Mauroy et Rocard au congrès de Metz en 1979, il ne doit de conserver son poste de Premier secrétaire qu'à l'appui du CERES de Jean-Pierre Chevènement.

La dynamique politique lui est cependant favorable puisqu'il n'apparaît plus comme l'otage d'un PC affaibli et discrédité par son soutien à l'invasion de l'Afghanistan par l'URSS. Dès le premier tour de l'élection présidentielle de 1981, de nombreux électeurs communistes préfèrent « **voter utile** » en portant leur voix sur le candidat socialiste qui l'emporte nettement au second tour.

Cette victoire permet de ressouder provisoirement l'Union de la Gauche : le gouvernement Mauroy compte quatre ministres communistes qui doivent par leur présence garantir le soutien de la CGT et la paix sociale. Mais après l'euphorie des grandes réformes de 1981-1982, le PC se montre très critique à l'égard de la politique de rigueur adoptée en 1983.

— Conscient que sa présence au gouvernement n'a pas permis d'enrayer son déclin électoral, le PC décide de le quitter en juillet 1984, après un cuisant échec aux élections européennes de juin où il a été devancé par le Front national. Les législatives de 1986 confirment cette érosion que souligne le premier tour de l'élection présidentielle de 1988, à l'occasion duquel le candidat du PC André Lajoinie n'obtient que 6,5% des voix — il est vrai que le communiste dissident Pierre Juquin lui a fait concurrence.

Marginalisé et frappé de plein fouet par l'effondrement du communisme en Europe de l'Est, **le PC ne parvient pas à se transformer.** Ayant étouffé la contestation des « Rénovateurs » (Charles Fiterman), il tente désormais de survivre en captant le vote protestataire et en renouant avec sa « fonction tribunicienne ». Au premier tour de l'élection présidentielle de 1995, le successeur de Georges Marchais, Robert Hue, recueille 8,5% des suffrages, moins que Lajoinie et Juquin réunis en 1988.

— Le PS a profité de l'effondrement du PC pour asseoir son hégémonie à gauche, cependant que l'équation personnelle de François Mitterrand lui permettait de remporter à nouveau l'élection présidentielle en 1988. **Le PS s'est transformé en parti de gouvernement et** c'est sous la houlette d'hommes issus de la *Deuxième Gauche* comme Jacques Delors, Pierre Bérégovoy ou Michel Rocard qu'il a opéré sa conversion à la rigueur gestionnaire.

Mais l'électorat reproche aux socialistes leur échec face à la crise économique et l'aggravation des inégalités sociales (exclusion). Confronté à l'usure du pouvoir, le PS est en outre discrédité par l'accumulation des « affaires ». Incapable d'achever sa transformation en parti social-démocrate et de trouver de nouvelles alliances au centre, il est également miné par ses luttes de courants. Celles-ci culminent en 1990 lors du Congrès de Rennes où les « éléphants du PS » s'entre-déchirent.

Président de la République, François Mitterrand apparaît de plus en plus distant vis-à-vis de son ancienne formation qui subit une **débâcle sans précédent lors des élections législatives de mars 1993.**

Michel Rocard, qui avait évincé sans ménagement Laurent Fabius du poste de Premier secrétaire en avril 1993, est à son tour victime des courants après son échec retentissant aux élections européennes de juin 1994 où **le PS passe sous la barre des 15%.** Il démissionne alors et renonce à se présenter à l'élection présidentielle de 1995 : Henri Emmanuelli le remplace. Puis c'est au tour de Jacques Delors, personnalité atypique au sein du PS mais grand favori des sondages, de renoncer. En février 1995, les militants désignent Lionel Jospin, qui fut Premier secrétaire de 1981 à 1988 et ministre de l'Education nationale de 1988 à 1991. Contre toute attente, ce dernier arrive en tête au premier tour de la présidentielle et recueille pour le second le soutien sans enthousiasme du PC. Il est néanmoins battu par Jacques Chirac.

Les socialistes ont acquis au cours des années 80 l'audience la plus forte de toute leur histoire et une légitimité nouvelle forgée dans l'exercice du pouvoir. En revanche, les communistes n'ont jamais été aussi affaiblis et isolés depuis la signature du pacte germano-soviétique de 1939. La fin de la guerre froide, les bouleversements économiques et les transformations de la société française imposent aujourd'hui une nouvelle recomposition de la gauche.

3

Pistes pour le XXIᵉ siècle

La France sera-t-elle encore une « grande puissance » au XXIᵉ ?

Prenant acte de la suprématie mondiale des deux Super-Grands, le Président Giscard d'Estaing définissait la France dans les années 70 comme une « grande puissance moyenne ». Mais en l'an 2000, moins d'un homme sur cent sera français. Comment la France pourra-t-elle, dès lors, continuer à peser dans le monde du IIIᵉ millénaire ?

1. La France dispose de nombreux atouts pour conserver son statut de « grande puissance moyenne »

▶ **Elle demeure un des cinq Grands dans le monde de l'après-guerre froide.**

• Membre permanent du Conseil de sécurité des Nations Unies, la France dispose *de facto* d'un droit de veto à l'ONU.

• Dans le domaine militaire, elle possède à l'instar des quatre autres Grands une force de dissuasion nucléaire indépendante. Elle occupe le troisième rang mondial pour les ventes d'armes.

• Paris a su conserver une zone d'influence en Afrique noire, qui constitue le « pré carré » de la diplomatie française.

▶ **Elle appartient au groupe des sept pays les plus industrialisés (G7).**

• Cinquième puissance économique de la planète, la France participe à hauteur de 5 % à la formation du produit mondial brut. Elle se classe 6ᵉ à l'*indice de développement humain* établi par les Nations Unies.

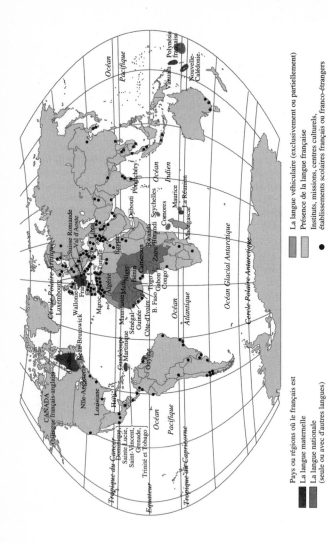

Pays ou régions où le français est

La langue maternelle

La langue nationale
(seule ou avec d'autres langues)

La langue véhiculaire (exclusivement ou partiellement)

Présence de la langue française

• Instituts, missions, centres culturels,
établissements scolaires français ou franco-étrangers

**Carte 3
La francophonie**

• La modernisation de son appareil de production et la politique du franc fort en ont fait une des économies les plus compétitives parmi les PDEM.

• La France est aujourd'hui la quatrième puissance commerciale du monde avec des points forts comme l'agro-alimentaire et les services (2ᵉ rang mondial), l'aéronautique et l'aérospatiale (3ᵉ rang mondial) ou l'automobile (4ᵉ rang mondial).

▸ **Elle conserve une capacité de rayonnement international non négligeable.**

• La France est présente sur toute la surface du globe grâce aux départements et territoires d'outre-mer (DOM-TOM). Elle dispose ainsi du troisième domaine maritime mondial (11 millions de kilomètres carrés).

• « Patrie des Droits de l'homme », la France continue à exercer une attraction réelle sur le reste du monde notamment par le biais de la culture et de la francophonie : le français est une des langues officielles de l'ONU et reste parlé par 90 millions de personnes hors de l'hexagone.

• La France demeure un des pays les plus dynamiques dans le domaine de la recherche, fondamentale ou appliquée. Ses scientifiques sont reconnus dans le monde entier à l'instar des prix Nobel Pierre-Gilles de Gennes et Georges Charpak ou du pionnier de la lutte contre le SIDA, le Pᵣ Montagnié. La France est également en pointe dans le domaine de l'innovation technologique avec la fusée *Ariane*, l'Airbus, le TGV ou la carte à puces.

2. Mais sa marge de manœuvre apparaît aujourd'hui plus étroite qu'auparavant.

▸ **La disparition du système Est-Ouest a amoindri sa capacité de peser sur le jeu international.**

• A l'époque des blocs, la politique d'indépendance nationale permettait à la France de jouer un rôle plus important que sa puissance réelle en faisant d'elle un interlocuteur privilégié des pays de l'Est et du Tiers Monde.

• Depuis la fin de la guerre froide, elle a perdu ce statut spécifique de « trait d'union » entre les blocs. Au sein du camp occidental, la disparition de l'URSS prive Paris de son principal contrepoids à l'égard de Washington tandis que l'Allemagne réunifiée, par sa position centrale en Europe, tend à prendre le pas sur la France à l'Est. L'existence même de la force de dissuasion nucléaire française est contestée.

• La France doit inventer de nouveaux modes d'expression sur la scène internationale mais les solutions de remplacement envisagées présentent d'évidentes limites, qu'il s'agisse de l'action humanitaire ou des missions de la paix au sein de l'ONU. Bien que fournissant le premier contingent en hommes aux forces d'intervention des Nations Unies (ex-Yougoslavie, Somalie, Cambodge ou Liban), Paris n'a pu faire adopter le principe du « droit d'ingérence » de la communauté internationale dans les conflits localisés qui minent le Nouvel Ordre mondial.

▶ **Elle n'échappe plus à la « contrainte externe » dans le domaine économique, financier et monétaire.**

• Signataire des accords du GATT, membre de l'Organisation mondiale du commerce (OMC), du FMI et de la Banque mondiale, la France est tributaire de ses engagements internationaux en matière d'échanges et de coopération.

• L'économie française est une économie ouverte qui ne peut se passer de l'extérieur : ses investissements directs à l'étranger (plus de 1 000 milliards de francs) la situent au 5ᵉ rang mondial ; un actif français sur quatre travaille pour l'exportation.

• Enfin, la France est étroitement dépendante des flux financiers internationaux qui drainent vers l'hexagone l'épargne nécessaire à l'investissement et à la couverture des déficits publics. Il n'est plus possible à un gouvernement d'affirmer, comme le général de Gaulle, que « la politique de la France ne se fait pas à la corbeille ».

▶ **Tout « grand dessein » ne semble se concevoir en dehors de la construction européenne.**

• L'Europe a permis à la France de compenser la perte de son Empire et d'exister entre les blocs. D'où un consensus national large et durable sur le projet européen depuis les années 60.

• La France a fait de la construction européenne le théâtre privilégié de sa modernisation et de sa politique étrangère : création et rénovation de la PAC ; mise en place du Marché unique européen ; processus d'unification économique et monétaire (UEM) ; ébauche d'une politique extérieure et de sécurité commune (PESC) ; assistance économique au Tiers Monde (pays ACP).

• Cette intégration croissante se traduit cependant par des contraintes de plus en plus fortes, notamment dans le domaine monétaire où l'appartenance au SME implique *de facto* une stricte convergence avec l'Allemagne et interdit pratiquement toute politique macro-économique autonome (d'où l'échec de la relance isolée de 1981-1982 et l'obsession récurrente de la parité franc-mark).

3. **Dans ce contexte très difficile, le maintien du rang de la France dépend des réponses qu'elle saura apporter ou non aux défis sans précédent de la fin de siècle**

▶ **Le « modèle français » est menacé par une crise multiforme.**

• Les bouleversements de la division internationale du travail (DIT) et l'épanouissement de la IIIe Révolution industrielle se traduisent en France par une grave crise de l'emploi qui se nourrit de la substitution accélérée du capital au travail, des délocalisations et de la concurrence exacerbée des NPI asiatiques.

• Le développement du chômage et de l'exclusion fait peser un risque majeur de fracture sociale : la France est aujourd'hui confrontée à la menace d'une « société à deux vitesses » dangereuse pour sa cohésion nationale (RMistes, SDF, banlieues).

• Les mécanismes de solidarité connaissent une crise d'efficacité et de légitimité. L'Etat-providence ne peut plus différer son adaptation aux contraintes démographiques et financières qui grèvent son fonctionnement car il tend à devenir de plus en plus inopérant, voire contre-productif.

▶ **La France souffre également d'une crise identitaire.**

— L'ouverture des frontières et l'immigration massive en provenance du Maghreb ou de l'Afrique noire suscitent des réactions de rejet amplifiées par les difficultés économiques et sociales.

— La capacité d'intégration du « creuset français » est ébranlée par l'essor du multiculturalisme et les tendances à la communautarisation (cf. les affaires du foulard islamique). L'affaiblissement des valeurs républicaines (laïcité, citoyenneté) accentue ce risque de dérive.

— La France doit inventer une nouvelle citoyenneté qui prenne en compte l'ouverture irréversible sur le monde. Cela implique une révision d'ensemble de la « machine à intégrer » républicaine fondée depuis toujours sur l'assimilation.

▶ **Enfin les blocages restent nombreux.**

● Le dynamisme de l'économie française et l'initiative indivi-
duelle sont entravés par un certain nombre de carcans, tels le poids
de l'administration ou le manque général de flexibilité. Ces travers
sont illustrés par les dérives de l'économie mixte et le poids du néo-
colbertisme. Premières créatrices d'emplois, les PME sont les premières victimes de l'ultra-réglementation et des dysfonctionnements des circuits financiers au profit des grands groupes.

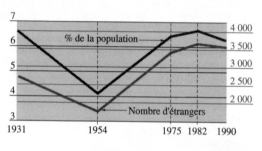

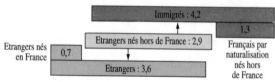

Graphique
La population étrangère en France

● La mobilité sociale demeure réduite, malgré les progrès de
l'éducation (deux fils d'ouvriers sur trois deviennent à leur tour
ouvrier). De fait, le renouvellement des élites est trop lent et trop
limité (l'Ecole polytechnique et l'ENA produisent à elles seules la
moitié des dirigeants des grandes entreprises publiques ou privées).
Leur interpénétration favorise une opacité dangereuse des centres
de décision.

● La crise et le vieillissement de la population française pèsent
sur les mentalités collectives autant que sur les comptes de la
nation. D'où le développement de comportements frileux devant la

prise de risque et une crispation sur les avantages acquis, même lorsqu'ils sont avérés nuisibles à la croissance et à l'emploi. L'inertie des corporatismes fait obstacle aux indispensables réformes de structures et freine l'innovation.

Le déclin de la France n'est pas inéluctable. Mais, tout comme les Etats-Unis ou la Russie dans des conditions certes très différentes, elle ne peut envisager de préserver son rang dans le monde du XXIe siècle qu'en préservant sa cohésion sociale et nationale.

Index

Imprimé en France
Imprimerie des Presses Universitaires de France
73, avenue Ronsard, 41100 Vendôme
Octobre 1995 — N° 42 027

MAJOR BAC

Premières Bac

AMMIRATI Charles – Le roman d'apprentissage, *thèmes et sujets* (Premières ES, L, S)

COBAST Eric – Premières leçons sur *Candide,* un conte voltairien (Premières toutes sections)

DEMORAND Nicolas – Premières leçons sur le roman d'apprentissage (Premières ES, L, S)

MARCANDIER-COLARD Christine – Premières leçons sur le conte voltairien (Premières toutes sections)

MEYNIEL Nathalie – Le conte voltairien, textes commentés (Premières toutes sections)

QUESNEL Alain – Premières leçons sur la tragédie racinienne (Première L)

ROUMÉGAS Jean-Paul – Le conte voltairien, *thèmes et sujets* (Premières toutes sections)

TEULON Frédéric – Vocabulaire économique et social (Première et Terminale ES)

Terminales Bac

ASSAYAG Jacky – Analyse : des exercices aux problèmes (Terminale S)

BOY Jean-Paul – Mémento de physique (Terminale S)

GARRIGUES Frédéric – Principes et méthodes de la dissertation d'histoire (Terminales toutes sections)

LAUPIES Frédéric – Premières leçons de philosophie (Terminales toutes sections)

PRIGENT Michel A. / NAIGEON Marc – Manuel de poche. Histoire. La France depuis 1945 (Terminales toutes sections)

Prigent Michel A. / Naigeon Marc – Manuel de poche. Histoire. Les relations internationales depuis 1945 (Terminales toutes sections)

Szwebel Georges – Mémento de mathématiques (Terminales ES et L)

Touchard Patrice – Géographie. Economie : les chiffres du Bac (Terminales toutes sections)

Vidalin Antoine – Mémento de mathématiques (Terminale S)

Villani Jacqueline – Premières leçons sur *Une partie de campagne* de Maupassant (Terminale L)

MAJOR